D1828613

Heinrich Bauregger

Radtouren in Kärnten

Bruckmann

INHALT

Das Tourengebiet

Kärnten, das südlichste Bundesland Österreichs, kann mit einigen touristischen Highlights aufwarten. Vom höchsten Berg der Republik im Norden, dem Großglockner, bis hin zum ausgedehnten, tiefliegenden Seengebiet im Süden reicht die Palette. Garniert wird diese so abwechslungsreiche alpine Landschaft von Zeugnissen einer jahrtausendealten Kultur, bereits überlagert von einem Hauch südländischen Flairs.

Dementsprechend vielseitig ist auch das Angebot für Pedalritter. Ein gut ausgebautes Radwegenetz mit vielen – trotz des gebirgigen Charakters – ebenen und familienfreundlichen Strecken leitet uns durch intaktes Bauernland, entlang so reizvoller Flüsse wie der Drau, der Gail oder der Lavant, durch hübsche Dörfer und in sehenswerte kleine Städte. Wir folgen den Spuren der Römer, besuchen stolze Ritterburgen oder machen einen Abstecher zu liebenswerten kleinen Museen.

Bildstock im Gailtal

Die vorgestellten Touren halten sich aber nicht zwanghaft an die bereits geschaffenen Radwege, denn das wäre zu langweilig. Viele der angelegten Radstrecken führen lediglich parallel zu den Bundesstraßen und bieten somit wenig Abwechslung; sie werden vorwiegend als Zufahrtswege und Heimweg in die Route eingebaut. Die reizvollen Ecken des Landes liegen ja oft abseits der Hauptstrecken. Deshalb wurde bei der Tourenzusammenstellung auf kleine Dorfverbindungsstraßen und auf Wirtschafts- bzw. gut befahrbare Feldwege zurückgegriffen.

Vorrangiges Ziel war also immer, verkehrssichere Strecken zu finden und Gefahrenstellen nur dort zu akzeptieren, wo sich dies nicht vermeiden ließ. Lediglich der Lavanttaler Radweg weist das gewünschte Optimum an Sicherheit auf. Alle anderen Strecken müssen mit Kompromissen leben. Es sei denn, man beschränkt sich auf unvollständige Routen und auf das Befahren von verkehrsfreien Stichstraßen und Wegabschnitten.

Das Kärntner Seengebiet lädt zwischendurch immer wieder ein, Abwechslung und Vergnügen pur bei einem Sprung ins kühle Naß zu suchen. Zahlreiche Jausenstationen am Weg sorgen überdies für das leibliche Wohl.

Dieser Radführer richtet sich also bevorzugt an Genußradler und an Familien mit

Badeidyll am Faaker See

Kindern, die nicht in erster Linie den sportlichen Erfolg verbuchen, sondern mit wachen Augen Land und Leute kennenlernen wollen.

Touristische Informationen

Kärnten ist ein radlerfreundliches Land. Dies drückt sich nicht nur in der Vielzahl der neu geschaffenen Radwege aus, mittlerweile gibt es bereits ein nahezu lückenloses Netz an Radverleihstellen. Neben jenen der Österreichischen Bundesbahn (ÖBB) haben sich auch viele Hotels und Pensionen sowie spezielle Radverleiher diesem Trend angeschlossen. Angeboten werden neben den üblichen Tourenrädern auch Kinder- und Trekkingräder sowie Mountainbikes.

Bei einigen der vorgeschlagenen Touren empfiehlt sich die Rückreise per Bahn, da Ausgangs- und Zielpunkte in idealer Weise miteinander verbunden sind. Falls die Räder an Bahnhöfen gemietet werden, kann man sie auch an den jeweiligen Zielorten zurückgeben (allerdings gegen eine Rückführungsgebühr). Für die Beförderung von Fahrrädern in den Zügen ist der Erwerb von Fahrrad-Mitnahmekarten erforderlich. Auf IC-Zügen besteht Reservierungspflicht, in den Regional- und Eilzügen ist eine Reservierung nicht möglich. Die Räder dürfen nur in den mit dem Fahrradsymbol gekennzeichneten Waggons transportiert werden. Beim »Regio-Biking« erfolgt die Verladung durch den Kunden, beim »InterCity-Biking« durch das Personal der ÖBB.

Soweit genügend Platz vorhanden ist, kann man auch auf den Schiffen der Kärntner Seen bzw. auf der Drau das Fahrrad mitnehmen; eine Beförderungspflicht besteht jedoch nicht. Der Fahrpreis orientiert sich an den Kindertarifen (also 50 Prozent der Erwachsenentarife).

Angebote für Familien

Kärnten ist auch ein familienfreundliches Land. Dies ist nicht nur ein Slogan der Touristikpromotion. Das Angebot an familienfreundlichen Pensionen, Hotels und Bauernhöfen ist beeindruckend – ja, es gibt sogar eigene Kinderdörfer wie Trebesing im Liesertal. Doch nicht allein das: Zahlreiche kleine Museen, die nicht nur das eingeschränkte Interesse der Erwachsenen beanspruchen können, finden sich in ganz Kärnten, so das Elli-Riehl-Puppenmuseum, das Vogelparadies am Klopeiner See oder das weltberühmte Minimundus in Klagenfurt.

Und es gibt natürlich die Seen – Badestrände mit allen Annehmlichkeiten und angenehmen Wassertemperaturen.

1 ÜBER DEM MILLSTÄTTER SEE

Der Millstätter See ist nicht nur der wasserreichste, sondern mit 141 Metern auch der tiefste See Kärntens. Umrahmt von den flachen Kuppen der Nockberge liegt er eingebettet in eine waldreiche Gegend. An seinem Nordost- und Südostufer befinden sich die traditionsreichen Tourismusorte wie Seeboden, Millstatt und Dellach. Wie bei den anderen großen Kärntner Seen bietet sich auch am Millstätter See die Möglichkeit, die Radwanderung mit einer Schiffahrt zu kombinieren.

INFO ZUR TOUR

Gesamtlänge:
12 km bis zur Schiffsanlegestelle Döbriach-Glanz; Rückfahrt mit dem Schiff.

Gesamtfahrzeit: 2 Std. plus 1 Std. mit dem Schiff.

Etappen:
Seeboden – Burg Sommeregg – Millstatt – Dellach – Döbriach – Seeboden.

Tourencharakter:
Kurze, steile Steigung zu Beginn und ebenso steile Abfahrt zum Seeufer, ansonsten nahezu ebene Routenführung auf der Hochterrasse über dem Millstätter See. Wenig befahrene, geteerte Ortsverbindungssträßchen.

Markierung:
Nicht durchgehend einheitlich markiert, jedoch als Radweg ausgewiesen.

Blick über das Stift Millstatt

Auf dem aussichtsreichen Plateau

Man beginnt die Tour in **Seeboden**, wobei man zuerst auf der Hauptstraße in östlicher Richtung losradelt, und biegt dann links in die Trefflinger Straße ab. (Ganz in der Nähe liegt die besonders bei Kindern beliebte Plüschtierzoo-Erlebniswelt.) Nun durch Seeboden hindurch und am Nordende ansteigend – ziemlich direkt –, bis rechts die Straße auf das **Plateau** abzweigt.

Hier sollte man aber zuerst den kleinen Abstecher zur *Burg Sommeregg* einplanen. Man fährt noch ein Stück ansteigend weiter Richtung Treffling, hält sich bald links, bis dann die Zufahrt zum Schloß in spitzem Winkel erfolgt.

Bei der Weiterfahrt geht es an der Wegkreuzung links (wenn man von der Burg kommt, ansonsten rechts) auf der Straße in südöstlicher Richtung nach **Tangern** (bis hierher gibt es auch eine direkte Variante von Seeboden), wo am Ortsanfang bereits eine Buschenschänke zur Einkehr lädt. Dann radelt man über Gössering nach **Laubendorf**. Hier kann man eine *römische Ausgrabungsstätte* und eine *frühchristliche Kirche* besichtigen und hat einen schönen Blick Richtung **Millstatt** mit seinen Villenvierteln.

Der Millstätter See mit den Nockbergen

Die Kirche von Obermillstatt

Gastlichkeit am Seeufer

Arkaden im Benediktinerhof von Millstatt

Falls man nicht beim *»Jagerwirt«* einkehren will, fährt man weiter auf der aussichtsreichen Straße, nun allmählich leicht bergab (nach 1 km kann man einen steilen Abkürzer hinunter nach Millstatt machen, wie auch kurz vor Obermillstatt, bei der Abzweigung am »Schluchtwirt«), über Tschierweg und den tief eingeschnittenen Riegerbachgraben und anschließend ein Stück aufwärts nach **Obermillstatt**. Das hübsche Bauerndorf hat neben einer Kirche und einem *Heimatmuseum* auch ein paar Wirtschaften anzubieten.

Die weitere Strecke nach **Lammersdorf** ist wenig anstrengend, obwohl noch ein kleiner Höhenunterschied zu bewältigen

☞ AUF EINEN BLICK

Anfahrt:
Mit dem Auto bis Seeboden oder einem der anderen Anraineorte. Mit der Bahn bis Spittal, dann mit dem Rad nach Seeboden.

Ausgangsort:
Schiffsanlegestelle Seeboden bzw. Bahnhof Spittal (660 m).

Zielpunkt:
Schiffsanlegestelle Döbriach-Glanz bzw. Seeboden.

Rückfahrt:
Mit der Millstätter Schiffahrtsgesellschaft von Döbriach-Glanz oder per Rad entlang der Uferstraße (abgegrenzter Radstreifen, aber viel Verkehr).

Fahrradverleih:
Mountain- und Citybike-Station im Büro der Seeboden Touristik, A-9871 Seeboden, Tel. (04762) 81210. • Reisebüro Burgstaller, Hauptstraße 62, A-9871 Seeboden, Tel. (04762) 81448 bzw. Marktplatz 19, A-9872 Millstatt, Tel. (04766) 2012-0. • Sporthotel »Royal«, Seehofstraße 23–33, A-9871 Seeboden, Tel. (04762) 81714. • Club Fliegenpilz, Süduferweg 125, A-9871 Seeboden, Tel. (04762) 81708.

Übernachtung unterwegs:
Club Fliegenpilz, Süduferweg 125, A-9871 Seeboden, Tel. (04762) 81708. • Gasthof »Lagger« (Erlebnis-Bauernhof), Treffling 34/1, A-9871 Seeboden, Tel. (04762) 81173.

Einkehr unterwegs:
Burg Sommeregg, Jausenstation Tangern, Gasthöfe in Laubendorf, Obermillstatt, Lammersdorf und Sappl.

Sehens- und Wissenswertes:
Seeboden: Plüschtierzoo-Erlebniswelt im Parkschlössl; geöffnet: Jan. bis März Do bis So 13–17 Uhr, April bis Anf. Nov. tägl. 10–18 Uhr sowie in den Weihnachtsferien. Fischereimuseum mit einem 7000-Liter-Aquarium, direkt am Seeausfluß; geöffnet: Juni bis Sept.

Auskunft:
Kurverwaltung Seeboden, Hauptstraße 93, A-9871 Seeboden, Tel. (04762) 81210. • Kurverwaltung Millstatt, Rathaus, Marktplatz, A-9872 Millstatt, Tel. (04766) 2022-0.

Karte:
Freytag & Berndt WK 221, Millstätter See – Spittal – Nockalmstraße (1:50000) mit Radwanderrouten.

ist, bis man den höchsten Punkt der Tour erreicht hat. Ab Lammersdorf geht es abwärts. Begleitet von herrlichen Ausblicken läßt man sich hinunter nach **Sappl** rollen, wo eine kurvenreiche Straße weiter hinab nach Dellach führt.

Von dort – nach einem Bad im Millstätter See, das Ufer ist hier sehr flach – kann man mit dem Schiff nach Seeboden zurückkehren. Wer aber einen weiteren kleinen Anstieg nicht scheut, kann von Sappl nochmal knapp 50 Höhenmeter unter die Pedale nehmen und nach **Matzelsdorf** (848 m) hinaufradeln. Dort gibt es eine Einkehrmöglichkeit, und ein herrliches Panorama über den Millstätter See wird gleich mitgeliefert.

Nun geht es nur mehr bergab. Auf einem schmalen Sträßchen radelt man hinunter nach **Starfach**, hält sich dann links und vor zur B 98, die man überquert. Dort zweigt rechts die Zufahrtsstraße nach Döbriach ab. Vorbei an einem Info-Stand fährt man hinein in die Campingsiedlung von **Döbriach** mit Strandbädern und allen touristischen Zusatzangeboten.

Von der Anlegestelle Döbriach-Glanz bietet sich die Rückkehr mit dem Schiff nach **Seeboden** an. Die Weiterfahrt entlang dem Südwestufer nach Laggerhof kann nicht empfohlen werden, da nur ein schmaler Pfad vorhanden ist und Wanderer beeinträchtigt würden.

Burg Sommeregg

DER BESONDERE TIP

Oberhalb von Seeboden befindet sich die urkundlich bereits 1237 erwähnte und gut erhaltene Burg Sommeregg, die einiges Interessantes zu bieten hat. Bereits am Eingang zum Schloß stößt man auf einen riesengroßen Menhir. Im Innern wurde ein Foltermuseum eingerichtet, in dem 70 originalgetreue Folterinstrumente gezeigt werden. Mit dem Beitrag »Folter in der Gegenwart« ist die Menschenrechtsorganisation »amnesty international« an der Ausstellung beteiligt. In den Monaten Juli bis September werden auf der Burg Konzerte im Rahmen der »Musikagitation Seeboden – Burg Sommeregg« veranstaltet. Von Klassik bis Jazz werden alle Facetten aus dem Bereich der Musik abgedeckt. In der Burg befindet sich auch ein Restaurant. Auskunft: Seeboden Tourismus, Tel. (04762) 81210.

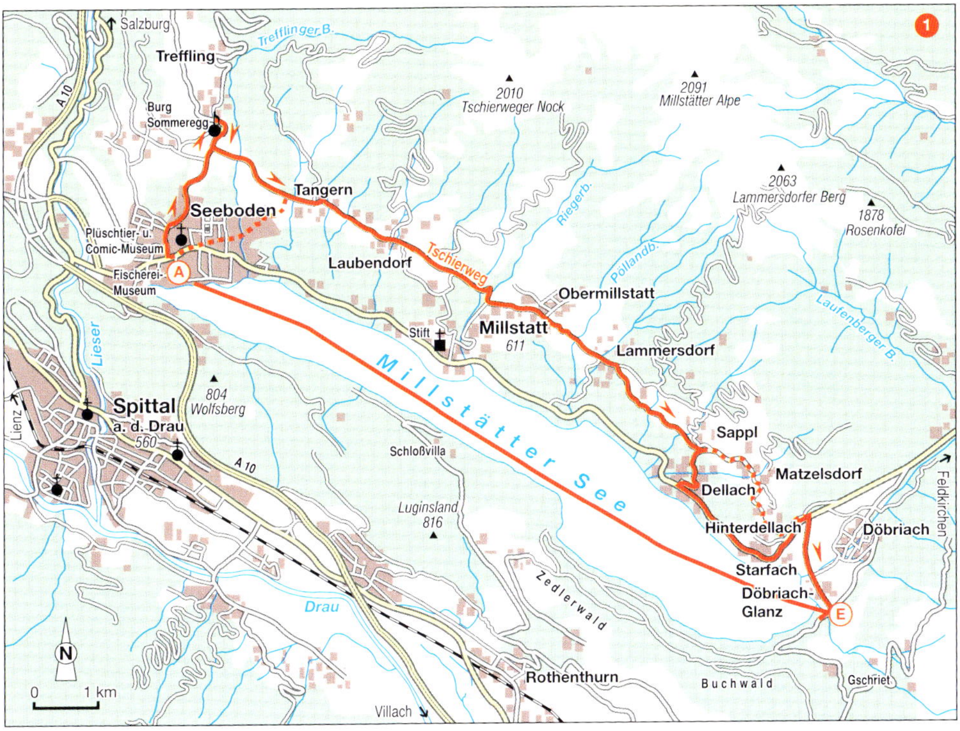

2 RUNDTOUR AM WEISSENSEE

Der Weißensee, auch »Kärntner Fjord« genannt, gilt mit 930 Metern nicht nur als der höchstgelegene, sondern auch als der sauberste Badesee Kärntens. Trotz seiner Lage mitten in den Bergen und seiner unverbauten Ufer, die unter Landschafts- bzw. Naturschutz stehen, lassen sich in diesem Gebiet besonders reizvolle Radwanderungen unternehmen. Die hier vorgeschlagene Route besteht aus einer Kombination von Schiffahrt und Radtour, wobei die große Runde nur für Mountainbike- und Trekkingradler geeignet ist.

INFO ZUR TOUR

Gesamtlänge:
Je nach Routenwahl 16 bzw. 19 km.

Gesamtfahrzeit:
3–4 Std. plus Schiffahrt auf dem Weißensee.

Etappen:
Techendorf – Schiff zum Weißensee-Ostufer – Farchensee bzw. Fischeralm und Bodenalm.

Tourencharakter:
Dicht bewaldetes Berggebiet mit engen Tälern. Strecke 1: etwa 100 Hm, Strecke 2: 300 Hm Steigung. Strecke 1: asphaltierte Straße, Strecke 2: Mountainbiketour, zu Beginn Asphaltstraße, dann rauhes Almsträßchen, zuletzt wieder Teersträßchen.

Markierung: Keine.

Der Weißensee aus der Vogelperspektive

Mehr Radelspaß auf verkehrsfreien Radwegen

Zwei Tourenvarianten durch unverfälschte Natur

Mit einem der drei Linienschiffe (Fahrräder werden, soweit Platz vorhanden, zum Kindertarif befördert) fährt man von **Techendorf** zum **Ostufer des Weißensees**. Beim Gasthof »Dolomitenblick« findet man gleich um die Ecke einen Badeplatz.

Man radelt nun auf asphaltierter Straße durch waldreiches Gebiet Richtung Osten, immer am kleinen Weißenbach entlang. Nach einem guten Kilometer passiert man den Gasthof »Mößlacher« und fährt dann weiter, bis rechts eine schmale Straße abzweigt, die über Kreuzen zur Windischen Höhe führt.

Seekonzert auf dem Weißensee

Dieser verkehrsarmen Straße folgt man nun (200 m nach der Abzweigung geht die Zufahrt zum Gasthof »Weißenbacher« ab). Am Tscherniheimer Bach entlang radelt man eben durch Nadelwald – einige verstreut liegende Bauernhöfe lugen zwischen den Bäumen hervor – bis **Weißenbach-Köck**. Hier muß man sich entscheiden, ob man nur einen gemütlichen Ausflug machen will oder eine kleine, etwas anstrengende Bergradeltour.

Die Blasmusik gehört einfach dazu

Strecke 1: Auf der wenig befahrenen Straße geht es weiter (auf der linken Seite kann man vor einem der Häuser entlang der Straße eine umfangreiche Zwergensammlung bewundern) in weitem Linksbogen durch ein schönes bewaldetes Hochtal, das gelegentlich durch verstreute Bauernhöfe aufgelockert wird. Bald überquert man die Grenze zur Marktgemeinde Paternion. Nach etwa 2 Kilometern erreicht man ein landwirtschaftliches Anwesen und den reizvoll gelegenen **Farchensee** (Farchtnersee). Leider ist er nur eingeschränkt zugänglich, da das Ufer einen starken Schilfbestand aufweist.

☞ AUF EINEN BLICK

Anfahrt:
Mit dem Auto durch das Gailtal und das Gitschtal bzw. von Greifenburg im Drautal über den Kreuzbergsattel nach Techendorf am Weißensee; oder von Paternion direkt an das Weißensee-Ostufer.

Ausgangsort:
Techendorf am Weißensee (932 m).

Zielpunkt: Techendorf.

Rückfahrt:
Strecke 1: Hin- bzw. Rückfahrt mit dem Schiff von Techendorf zum Weißensee-Ostufer; Strecke 2: Rundtour, Hinfahrt jedoch mit dem Schiff zum Ostufer.

Fahrradverleih:
Total-Tankstelle, A-9762 Oberdorf-Praditz, Tel. (07413) 2019. • Alpensport Schwarzenlandler, A-9762 Techendorf, Tel. (0 47 13) 2333. • Camping Knaller, A-9762 Techendorf, Tel. (04713) 223450. • Natur- und Sporthotel Alpenhof, A-9762 Techendorf, Tel. (04713) 2107-0.

Übernachtung unterwegs:
Hotel Seeblick, Neusach 28, A-9762 Weißensee, Tel. (04713) 2255. • Ferienhof Neusacher-Moser, Neusach 9, A-9762 Weißensee, Tel. (04713) 2322.

Einkehr unterwegs:
Gasthof »Dolomitenblick«, Gasthof »Mößlacher«, Gasthof »Weißenbacher«, Fischeralm und Bodenalm (jeweils nur im Sommer bewirtschaftet).

Auskunft:
Weißensee-Information, A-9762 Weißensee, Tel. (04713) 2220-0.

Karte:
Freytag & Berndt WK 223, Weißensee – Gailtal – Naßfeld (1:50000) mit Radwanderrouten.

Variante:
Rundtour am Weißensee-Westufer: Von Techendorf auf der Landstraße über die Ortschaften Gatschach und Oberdorf nach Praditz. Dort biegt man links ab und wendet sich zum Seeufer. Nun immer dem Südufer entlang auf unbefestigtem und für den allgemeinen Verkehr gesperrtem Wirtschaftsweg nach Schattseite. Über die Seebrücke und zurück nach Techendorf.

Man radelt am besten links am See vorbei, immer leicht ansteigend, bis zum Weiler **Boden** (1058 m). Dort und entlang der Strecke bieten sich zahlreiche Plätze zum Picknicken an. Man kann der Straße noch ein Stück Richtung Kreuzen folgen, dann jedoch hat sie ihren höchsten Punkt erreicht und fällt im weiteren Verlauf ziemlich steil ab (etwa 2 km ab Farchensee). Hier kehrt man um und radelt zum **Ostufer des Weißensees** zurück.

Strecke 2: An der Abzweigung bei Weißenbach-Köck wendet man sich nach rechts und folgt dem zu Beginn noch asphaltierten Fahrweg, der jedoch bald in einen unbefestigten Wirtschaftsweg übergeht (Schild »Jausenstation Fischeralm«). Vorbei an einer Ansiedlung mit wenigen Häusern radelt man dann am Tscherniheimer Bach entlang. Nach Passieren einer Schranke – ab hier ist der Fahrweg für den öffentlichen Verkehr gesperrt – geht es durch dichten Wald, nun zuweilen etwas holprig, leicht ansteigend höher. Zwischendurch entdeckt man kleine Lichtungen zum Brotzeitmachen. Man stößt auf eine Wegverzweigung, hält sich dort links und erreicht bald die bewirtschaftete **Fischeralm** (1081 m) auf einer schönen Waldlichtung. Für Kinder gibt es hier einen Indianer-Spielplatz.

Der Weiterweg führt in gleicher Richtung entlang an Holzzäunen durch Almwiesen, bis der schmale Almfahrweg wieder im Wald verschwindet. Immer weiter ansteigend (bei den nächsten Wegver-

Das Weißensee-Ufer ist nahezu unverbaut – wie hier bei Naggl

zweigungen rechts, dann wieder links halten) kommen wir über den Aussichtspunkt Tscherniheim mit Kapelle hinauf zur Almwirtschaft **Bodenalm** (1231 m).

Bald geht es hinab in Richtung Paterzipf am Weißensee. Zahlreiche Forststraßen gibt es in diesem Hochtal, man hält sich jedoch immer talwärts. Im letzten Abschnitt verläuft der abwärts führende Fahrweg parallel zum Almbach, der sich später im Weißensee entwässert. Vorbei an der Almlichtung Alpl (mit Jagdhütte) erreicht man dann die kleine **Halbinsel Paterzipf**.

Bei der Wegverzweigung, ein Stück noch oberhalb des Seeufers, radelt man links weiter und kommt durch Wald- und Wiesengelände zur kleinen Siedlung **Naggl**. Bald ist man in Ufernähe und fährt auf einem asphaltierten Sträßchen hinaus nach **Schattseite**. Hier geht es über die Brücke auf die andere Seite des Weißensees und hinein nach **Techendorf**.

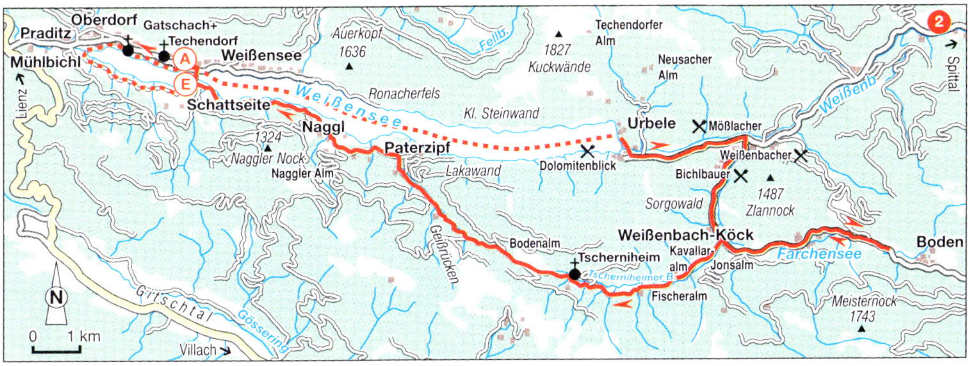

3 DER KARNISCHE RADWANDERWEG

Durch das Obere und Untere Gailtal führt einer der schönsten Radwege Kärntens. Die überwiegend ebene Strecke verläuft abseits der Hauptverkehrsstraßen, und es kann an vielen Punkten eingestiegen werden. Entlang des Wegs läßt sich neben so mancher Naturschönheit auch ein kleines kulturelles Programm absolvieren. Wer den Nachweis über fleißig gefahrene Radkilometer erbringt, darf sich mit der »Karnischen Radwandernadel« schmücken.

INFO ZUR TOUR

Gesamtlänge:
55 km; bei Verlängerung bis Villach 82 km.

Gesamtfahrzeit: 5 bzw. 8 Std.

Etappen:
Kötschach-Mauthen – Rattendorf – Hermagor – Vorderberg – Nötsch i. Gailtal (– Villach).

Tourencharakter:
Langstreckentour mit leichter Abwärtsfahrt, da 205 m Gefälle entlang der Gail. Befestigte und unbefestigte Radwanderwege sowie asphaltierte Wirtschafts- bzw. Ortsverbindungswege. Rückfahrt mit der Bahn nach Kötschach-Mauthen.

Markierung: Grünes R 3 auf weißem Feld.

Der reizvolle Ort Dellach im Gailtal

Entlang der Gail nach Nötsch

Man startet beim Hauptbahnhof von **Kötschach-Mauthen** und fährt zur Gailbrücke, wo sich die Einstiegsstelle für den Karnischen Radwanderweg befindet. Bevor man eine der zwei Routenmöglichkeiten erprobt, empfiehlt sich ein Abstecher in die *Mauthner Klamm*

Das Naturdenkmal Garnitzenklamm

Die kleine Kirche von Paßriach

(Zugang vom Ortsteil Mauthen; die ersten Meter können noch mit dem Rad gefahren werden).

Dann nimmt man entweder in Mauthen – dort, wo rechts die Straße Richtung Plöckenpaß ansteigt – links das schmale Sträßchen nach **Würmlach** (hier kann man das *Schloß Weildegg* besichtigen) unter die Räder. Im weiteren bleibt man auf der Straße und fährt über Weidenburg bis zum Brückenübergang bei Dellach und anschließend durch Ober- und Unternöbling nach **Griminitzen**. Oder man radelt von der Gailbrücke auf dem zum Teil asphaltierten Dammweg (nördlicher Gailweg, autofrei) direkt entlang dem Fluß vorbei an Dellach nach Gundersheim. Hier treffen sich die Wege.

Die nächsten 10 Kilometer verläuft die Route an der rechten Flußseite auf Ortsverbindungssträßchen durch Weidelandschaft mit kleinen Bauerndörfern. Auf der

Fresken an der Kirche in Nötsch im Gailtal

Die Fischermühle in Rattendorf

Bauernscheune in Jadersdorf

linken Talseite baut sich mit einer beeindruckenden Höhe von 2371 Metern der höchste Gipfel der Gailtaler Alpen, der *Reißkofel*, auf. In **Goderschach** und **Stranig** befindet sich jeweils eine Gaststätte; man kann sich Hunger und Durst aber auch bis Treßdorf aufheben, um dort im ältesten datierten Bauernhof Kärntens, dem *Gasthof »Maresch«*, einzukehren. Dazu fährt man von **Oberdöberitzen** am Wald entlang auf nun schmälerem Asphaltsträßchen bis **Unterdöberitzen**, quert dann auf der Gailbrücke den Fluß und radelt hinein nach **Treßdorf**.

Anschließend geht es wieder einige Meter zurück, über die Bahnlinie hinweg, bis links ein Fahrweg abzweigt, der durch das *Treßdorfer Moos* nach **Waidegg** leitet. Dort quert man wieder auf das linke Ufer der Gail und setzt die Fahrt auf schmalem, geschottertem Fahrweg am Fluß entlang fort bis **Rattendorf**. Hier lohnt sich ein Abstecher ins Dorf. Zuerst rechts, dann links haltend erreicht man die kleine *Fischermühle*, in der im Sommer Getreide zu Demonstrationszwecken gemahlen wird.

Von Rattendorf fährt man auf der asphaltierten Ortsverbindungsstraße nach **Tröpolach**, wo die Paßstraße zur Sonnenalpe Naßfeld abzweigt. Von Tröpolach nun links wieder auf die Gail zu, dann direkt am Fluß rechts und auf dem Gaildamm am Ufer entlang, wobei man den Oselitzenbach quert. Vorbei an **Watschig** wird **Möderndorf** erreicht, wo sich ein längerer Aufenthalt lohnt. Nur wenige Meter vom Radweg befindet sich das *Gailtaler Heimatmuseum*, außerdem mündet hier die *Garnitzenklamm*, die zu den schönsten Klammen Österreichs zählt.

Falls man keinen Abstecher nach **Hermagor** machen will, radelt man weiter auf dem Gaildamm. Man folgt auf einer längeren Strecke dem Fluß durch das Egger und das Untere Moos bis zur **Nampolacher Brücke**. Hier bietet sich die Variante zum **Pressegger See** an, vor allem, wenn man eine kleine Badepause einlegen will.

An der Nampolacher Brücke oder aber der **Nieselacher Brücke** bei **Görtschach** schwenkt man dann wieder auf den Karnischen Radweg ein und folgt weiterhin dem Dammweg, nun durch das *Görtschacher Moos,* nach **Vorderberg** (sehenswert: das *Naturdenkmal Vorderberger Klamm).* Hier geht es erneut über die Gail. Die Hauptroute verläuft sodann rechts und in Nähe der Bahnlinie, die einmal gequert wird, nach **Emmendorf**. Dort radelt man nahezu parallel zur Bundesstraße auf Nebensträßchen nach **Nötsch i. Gailtal**. Eine Nebenstrecke zweigt bei Vorderberg noch vor der Brücke über die Gail ab. Dort rechts am Flußufer entlang, dann durch die *Mooswiesen* nach Nötsch.

AUF EINEN BLICK

Anfahrt:
Mit dem Auto oder mit der Bahn bis Kötschach-Mauthen.

Ausgangsort:
Kötschach-Mauthen (707 m).

Zielpunkt:
Nötsch i. Gailtal (564 m), evtl. Villach (701 m).

Fahrradverleih:
Bahnhof, A-9640 Kötschach-Mauthen, Tel. (04715) 243. • Bahnhof, A-9620 Hermagor, Tel. (04282) 20300. • Ertl, A-9640 Kötschach-Mauthen, Tel. (04715) 341. • Hannes Berger, Oberdöbernitzen 11, A-9632 Kirchbach, Tel. (04284) 417.

Fahrradreparatur:
Ertl, s.o. • Schwarzenbacher, A-9640 Kötschach-Mauthen, Tel. (04715) 343. • Wiedenig, Lindengasse 2, A-9620 Hermagor, Tel. (04282) 2205.

Übernachtung unterwegs:
Erlebnishotel »Hubertushof«, Kameritsch 1, A-9620 Hermagor, Tel. (04285) 280. • »Gailtaler Hof«,

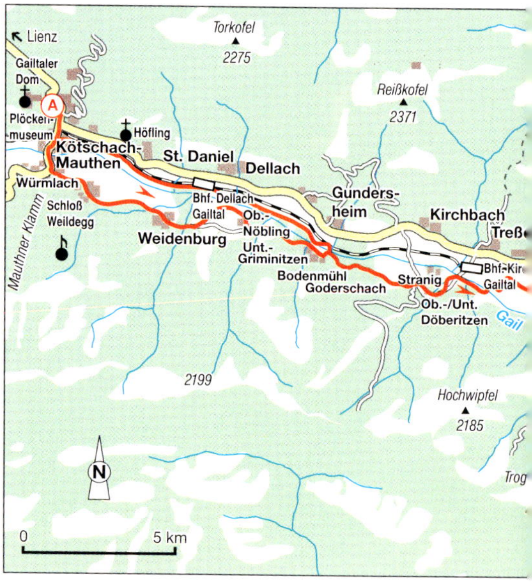

Kötschach 245, A-9640 Kötschach-Mauthen, Tel. (04715) 318. • Gasthof »Zum Fischer«, A-9632 Treßdorf 18, Tel. (04284) 205. • »Karnischer Hof«, St. Paul 7, A-9623 St. Stefan i. Gailtal, Tel. (04283) 2733. • Urlaub auf dem Bauernhof: Hof Schumi, St. Paul 18, A-9623 St. Stefan i. Gailtal, Tel. (04283) 2228.

Einkehr unterwegs:
Gasthöfe in Würmlach, Achatz, Stranig, Goderschach; Gasthof »Zum Reiter« (Bike-Restaurant) in Rattendorf; weitere Gasthäuser in Tröpolach, Watschig und Vorderberg.

Sehens- und Wissenswertes:
Kötschach-Mauthen: Mauthner Klamm, Plöckenmuseum, Gailtaler Dom. • *Rattendorf:* Fischermühle. • *Möderndorf:* Gailtaler Heimatmuseum im Schloß, Garnitzenklamm. • *Pressegger See:* Erlebnispark. • *Nötsch i. Gailtal:* Schloß Wasserleonburg.

Auskunft:
Tourismusverband Karnische Region, A-9620 Hermagor, Tel. (04282) 2043. • Verkehrsamt, A-9640 Kötschach-Mauthen, Tel. (04715) 8516.

Karte:
Freytag & Berndt WK 223, Weißensee – Gailtal – Naßfeld (1:50000) mit Radwanderrouten.

Varianten:
Varianten 1/2: Badestrände und der Erlebnispark laden zu einem Abstecher zum Pressegger See ein. Es gibt zwei verschiedene Routen. Am besten zweigt man bei Nampolach von der Hauptstrecke ab und radelt auf schwach befahrenen Sträßchen entweder links über Dellach oder rechts über Paßriach (Markierung neutrale grüne Radschilder und »Seerundweg«, 13 km) zum See.
• *Variante 3:* Bei Hermagor mündet das stille Gitschtal ein. Die Strecke nach Weißbriach ist besonders ab Jadersdorf sehr reizvoll, da sie von hier fast ausschließlich über gut befahrbare Wald- und Wiesenwege verläuft. (Einkehr beim Stoffelbauer; Markierung weißes Radsymbol auf grünem Grund, Route 33; 13 km).

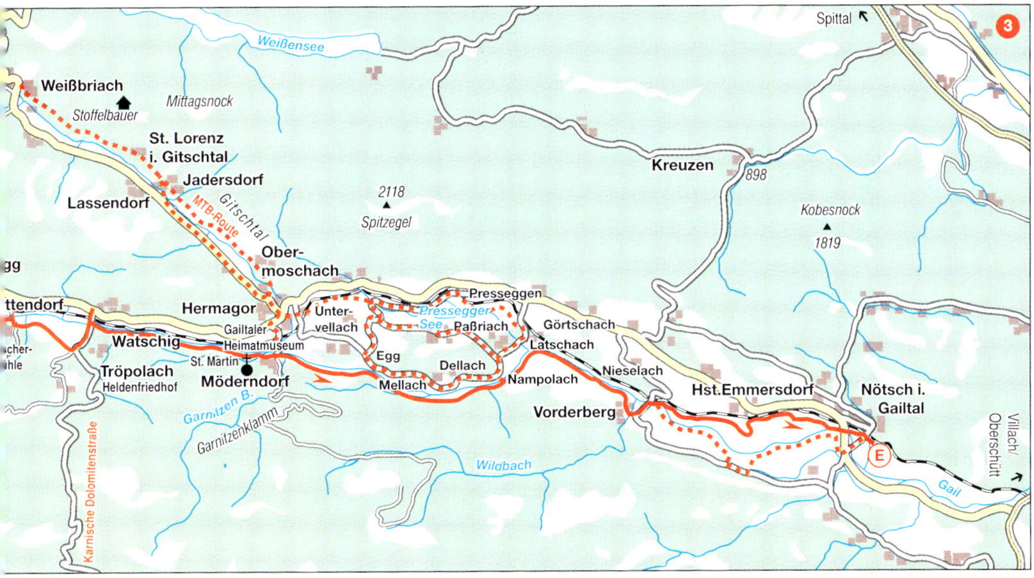

4 AUF DEM DRAU-RADWEG

Der Fluß Drau durchzieht Kärnten von Osten nach Westen und entwässert durch seine Seitenarme nahezu das gesamte Bundesland. Der Drau-Radweg beginnt in Osttirol und führt über eine Länge von 230 Kilometern aus dem Schatten der Lienzer Dolomiten heraus bis ins Unterkärntner Seenland. Vorbei an eindrucksvollen Städten, beschaulichen Dörfern und einer oft noch naturbelassenen Auenlandschaft vermittelt er Genußradeln pur. Vorgestellt wird hier das Kernstück der Route zwischen Oberdrauburg und Spittal.

INFO ZUR TOUR

Gesamtlänge: 96 km.

Gesamtfahrzeit: 10 Std.

Etappen:
Oberdrauburg – Dellach – Feistritz a.d. Drau – Sachsenburg – Spittal a.d. Drau – Töplitsch – Villach.

Tourencharakter:
75 Hm Gefälle bis zum Bahnhof Möllbrücke/Sachsenburg, weitere 60 Hm bis Villach. Befestigte Radwege, unbefestigte Uferbegleitwege und verkehrsarme, asphaltierte Ortsverbindungssträßchen im Wechsel.

Markierung:
Grünes Schild mit Radfahrersymbol und Beschriftung »Drauweg«, einschließlich Etappenangabe.

Blick über die Drau auf Villach

Von Oberdrauburg über Sachsenburg nach Villach

Die Tour startet am östlichen Ortsende von **Oberdrauburg**, man quert die Bundesstraße gleich hinter der Draubrücke und folgt der Ausschilderung Richtung Spittal. Dieser Abschnitt bis nach Dellach zählt zu den landschaftlich reizvollsten Passagen des gesamten Drau-Radwegs. Auf der linken Flußseite geht es nun durch Auwälder immer in der Nähe des Wassers bis zu einer Brücke. (Hier zweigt links eine Fahrstraße nach **Irschen** ab, einem Ort, der sich durch eine *Natur- und Kräuterwerkstatt* einen Namen gemacht hat.)

Rechts oberhalb sieht man das aus dem dunklen Wald herableuchtende *Schloß Stein*. Jetzt verläßt der Weg die Drau und führt durch Wald und Wiesen nach **Dellach**. Beim Ortsteil Raßnig wird die Drau überquert, dann biegt man gleich wieder links in einen Feldweg ein und bleibt auch im weiteren Verlauf auf dieser Seite bis Sachsenburg. Bei der nächsten Abzweigung hält man sich rechts, überquert bald eine kleine Holzbrücke und radelt überwiegend durch Wald nach **Feistritz**.

Nun über die Brücke im Ort und bis zur Kreuzung »Schwarzes Kreuz«. Dort biegt man rechts ab und fährt vorbei am *Amlacher Bühel* auf asphaltierter, aber ruhiger Straße nach **Amlach**. Auf der immer ausreichend ausgeschilderten Radroute durch Wald und Wiesen, zuletzt wieder direkt an der Drau entlang erreicht man **Bruggen**. (Auf der anderen Flußseite liegt **Greifenburg** mit reizvollem Ortszentrum und kleinem Badesee.)

Das obere Drautal bei Pobersach

Durch die Wiesen von **Obersach** geht es weiter auf schmalem, teils unbefestigtem Wirtschaftsweg zur **Radlacher Brücke** und dann durch Wald zur **Steinfelder Draubrücke**. Im weiteren Verlauf radelt man auf der Landstraße nach **Gajach**, **Fellbach** und **Lind**, wo die letzte Möglichkeit besteht, das Drauufer zu wechseln. In der Ortsmitte von Lind biegt man links ein und folgt der für den öffentlichen Verkehr gesperrten Straße. Nach 7 Kilometern ist der historische Ort **Sachsenburg** erreicht.

Da der Drau-Radweg direkt über den Marktplatz führt, ist eine Fahrtunterbrechung geradezu programmiert. Man quert nun auf der Stahlbrücke auf die andere Seite der Drau, passiert den Bahnhof Möllbrücke, folgt der Drautalstraße Richtung **Möllbrücke**, überquert diese und nimmt nach knapp 50 Metern den asphaltierten Weg nach rechts. Kurz vor Errei-

Im Handwerksmuseum bei Baldramsdorf

Das Rathaus von Oberdrauburg

Römische Ausgrabungen am Museum Teurnia

chen der Drau geht es links, wo über *St. Magdalena, Schloß Drauhofen* und *St. Gertraud* die von **Lendorf** herabführende Straße angesteuert wird. Nun rechts nach **Rosenheim**, dann links über **Gendorf** (eine längere Passage separater Radweg) nach **Baldramsdorf** mit dem *1. Kärntner Handwerksmuseum.*

Bald ist **Spittal**, das Zentrum Oberkärntens, erreicht. Man überquert die **Schwaiger Brücke**, hält sich links an die Ortenburger Straße und radelt Richtung Hauptplatz. Das sehenswerte *Schloß Porcia* beherbergt auch die Touristeninformation. Um den Anschluß an den Drau-Radweg nicht zu verpassen, radelt man von Schloß Porcia über den Hauptplatz und durch die Brückenstraße, dann über die Lieser. In gleicher Richtung weiter, über die Bahnlinie, anschließend die erste Abzweigung hinter dem Übergang

☞ AUF EINEN BLICK

Anfahrt:
Mit Auto oder Bahn von Lienz bzw. von Spittal.
Ausgangsort: Oberdrauburg (632 m).
Zielpunkt: Villach (501 m).
Rückfahrt:
Mit der Bahn. Auf der Teilstrecke Villach – Spittal verkehrt im Sommer der »Radl-Expreß-Bus« (nur Mi und Sa).
Fahrradverleih:
Bahnhof, A-9781 Oberdrauburg, Tel. (04710) 2230. • Herbert Wallner, A-9772 Dellach 7, Tel. (04714) 226. • Bahnhof, A-9761 Greifenburg, Tel. (04712) 230. • Gerhard Kolbitsch, 10.-Oktober-Straße 15 (Tankstelle), A-9754 Steinfeld, Tel. (04717) 281. • Zweirad Amenitsch, Hauptstraße 44–46, A-9813 Möllbrücke, Tel. (04769) 2302. • Bahnhof, Spittal-Millstätter See, Südtiroler Platz 4, Tel. (04762) 3976-390. • Kostels Radshop, Villacher Straße 38, A-9800 Spittal a.d. Drau, Tel. (04762) 36936.
Fahrradreparatur:
Zweirad Amenitsch, s.o. • Amenitsch, Neuer Platz 15, A-9800 Spittal a.d. Drau, Tel. (04762) 2860.
Übernachtung unterwegs:
Gasthof »Edlingerwirt«, Villacher Straße 88, A-9800 Spittal a.d. Drau, Tel. (04762) 5150. • Jugendherberge Villach, Dinzlweg 34, A-9500 Villach, Tel. (04242) 56368. • Urlaub auf dem Bauernhof: Eggerhof, Siflitz 4, A-9753 Lind, Tel. (04768) 410.
Einkehr unterwegs:
Gasthaus »Wutz« in Bruggen, Gasthaus »Steiner« in Lind, Buschenschank »Egger« in St. Peter, Gasthof »Mauthner« in Mauthbrücke, Gasthof »Wallner«

nach links, wo die vertrauten Radwegweiser wieder auftauchen. Man fährt nun auf der rechten Seite der Bahnlinie Richtung St. Peter. Dort, wo der Weg die Autobahn berührt, besteht die Möglichkeit für einen Abstecher nach **Molzbichl** zum *Museum Carantana.* Nachdem die Autobahn die Seite gewechselt hat, verläuft der Radweg wieder direkt an der Drau entlang.

Bei **Mauthbrücken** bieten sich zwei Dammwege an, entweder auf der linken oder rechten Drauuferseite. Beide treffen sich wieder bei **Paternion**. Im weiteren Verlauf hält man sich bis **Töplitsch** auf dem rechten Dammweg. Dort quert man erneut hinüber auf die andere Seite und fährt bis Villach entlang der Bahnlinie. Ab **Unterwollanig** kann man erneut die Seite wechseln, und wenn das Ortsschild von **Villach** erreicht ist, steht auch wieder ein Radweg zur Verfügung. Bei der ersten Brücke, die man aufwärts fahren kann, geht es links ab und direkt zum Villacher Hauptbahnhof.

in Pobersach, Gasthof »Post« in Gummern.

Sehens- und Wissenswertes:

St. Peter im Holz: Archäologisches und frühchristliches Museum Teurnia; geöffnet: Mai bis Okt. tägl. 9–12 Uhr und 13–17 Uhr. • *Baldramsdorf:* 1. Kärntner Handwerksmuseum in einer ehemaligen Klosteranlage; geöffnet: 1. Juni bis 30. Sept. tägl. 10–17 Uhr; Auskunft Tel. (047 62) 71 40. • *Molzbichl:* Frühmittelaltermuseum Carantana neben dem Pfarrhof; geöffnet: 21. April bis Ende Sept. Mo bis Sa 10–12 Uhr und 14–18 Uhr, So 10–12 Uhr.

Auskunft:

Verkehrsbüro, A-9781 Oberdrauburg, Tel. (047 10) 2249. • Gästeinformation, A-9751 Sachsenburg, Marktplatz 12, Tel. (047 69) 29 25. • Tourismusbüro, A-9800 Spittal a.d. Drau, Schloß Porcia, Burgplatz 1, Tel. (047 62) 34 20. • Gemeindeamt, A-9711 Paternion, Hauptstraße 83, Tel. (042 45) 28 88-0.

Karten:

Freytag & Berndt WK 225, Kreuzeckgruppe – Mölltal (1:50 000) mit Radwanderrouten. • Freytag & Berndt WK 221, Millstätter See – Spittal – Nockalmstraße (1:50 000) mit Radwanderrouten.

Variante:

Bei Möllbrücke bietet sich ein Abstecher nach Maria Bichl und zum Museum Teurnia an. Man fährt bei Sachsenburg über die Bahnlinie nach Möllbrücke und folgt dann der Bundesstraße bis Lendorf. Dort links hoch und am oberen Ortsrand rechts auf schmaler Asphaltstraße zur Kirche Maria Bichl. Ein kurzes Stück nach Osten, dann rechts hinab, unter der Autobahn hindurch zum kleinen Museumsbau.

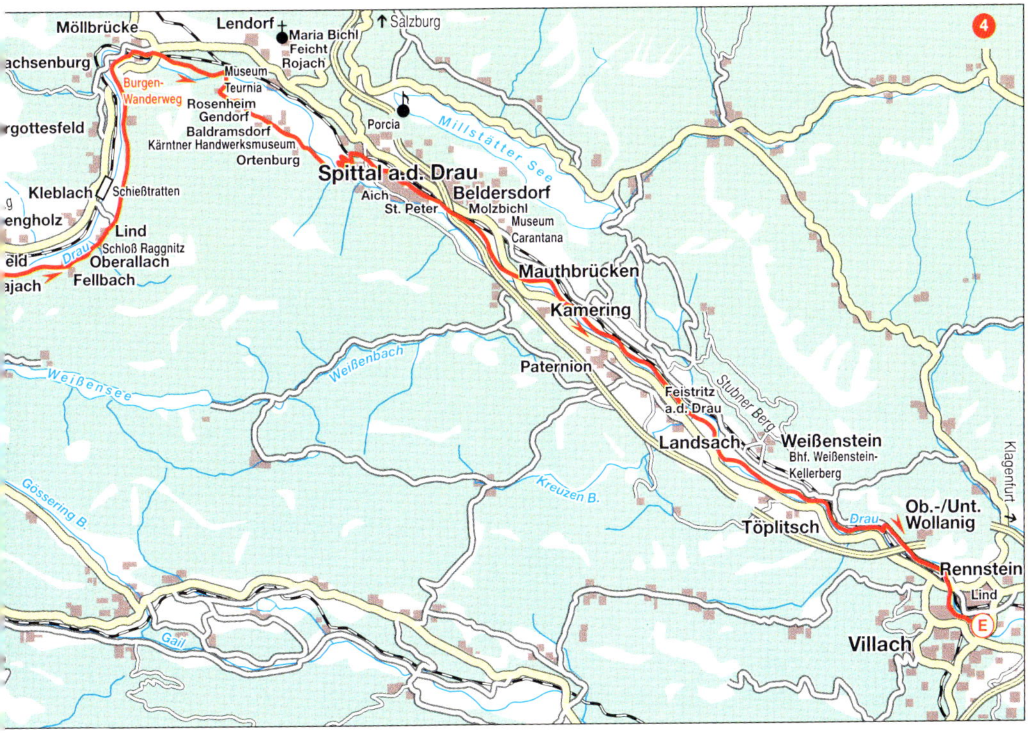

5 AUF DEM LANDSKRONER JAUSENRADWEG

Die Villacher sind begeisterte Radler. Eine gute Idee wurde vor Ort mit dem Jausenradweg Landskron umgesetzt. Man fährt auf Radwegen und verkehrsarmen Sträßchen durch die Erholungsgebiete im Osten der Stadt, hat dabei Gelegenheit, bei den Bauern Naturprodukte einzukaufen und kann verschiedene Sehenswürdigkeiten besichtigen. Unterwegs bestehen Möglichkeiten, die Runde abzukürzen; ein Teil der Strecke läßt sich mit dem Schiff auf der Drau zurücklegen.

INFO ZUR TOUR

Gesamtlänge: 20 km.

Gesamtfahrzeit: 3½ Std.

Etappen:
Villach – St. Andrä (Burgruine Landskron) – Vassacher See – St. Leonharder See – Villach.

Tourencharakter:
Nahezu ebene Rundtour, lediglich bei St. Rupert eine kleine Steigung. Mit Ausnahme von kurzen Wegabschnitten befestigte Radwege, Ortsverbindungswege und Stadtstraßen.

Markierung:
Durchgehend mit Symbolen und vier Wegvarianten (V 1 bis 4; hier nicht alle beschrieben) gekennzeichnet; einige Info-Tafeln mit Routenübersicht am Weg.

Die Pfarr- und Wallfahrtskirche Heiligenkreuz in Villach

Am Südufer des Ossiacher Sees

Skulptur am Weg nach Treffen

Im Erholungsgebiet Silbersee

Über die »Silbersee-Ranch« zum »Würstel-Willi«

Natürlich gibt es bei dieser Radrunde zahlreiche Möglichkeiten einzusteigen, doch beginnt man am besten am Hauptbahnhof von **Villach**. Man radelt rechts zur Alpen-Adria-Brücke, wo man sich links hält und noch vor der Brücke nach wenigen Metern auf den Drau-Radweg trifft, auf dem man nun bequem und verkehrsfrei (Achtung: Fußgänger!) die Stadt durchquert. Vorbei am *Kongreßhaus* erreicht man bald einen Sportplatz. Dort beginnt eine Parklandschaft, auf der gegenüberliegenden Seite der Drau sehen wir die wohl bedeutendste Barockkirche Kärntens, die *Pfarr- und Wallfahrtskirche Heiligenkreuz* in Perau.

Am Ufer der Drau bei Villach

Man radelt auf dem Damm oder der parallel führenden Spur, bis diese sich wieder treffen, dann weiter bis zur Schiffsanlegestelle **St. Magdalen**. Man quert eine kleine Brücke und biegt rechts ab (großer Plan zum Jausenradweg; rechts zweigt der Radweg zum Ossiacher See ab). Auf schattigem Radweg geht es nun links der Drau entlang, vorbei an einem aufgelassenen Zellstoffwerk, bis zu den ersten Äckern bei einer Autobahnbrücke. Gemütlich weiterradelnd erreicht man anschließend die Freizeitanlage Silbersee mit Einkehrmöglichkeiten (»Silbersee-Ranch«).

Jetzt verläßt man den asphaltierten Radweg und fährt auf schottrigem Uferweg bis zu einer Schiffsmeisterei. Nachdem man diese links umrundet hat, hält man wieder gerade auf den Uferweg zu. Bald unterquert man die Karawankenautobahn (A 11) und biegt nach 20 Metern links ab.

An einem Seitenarm der Drau entlang radelt man direkt auf den Bahndamm zu, dann links bis zu einer Unterführung. Dort zeigt ein Wegweiser die Richtung nach Landskron. Rechts durch die Unterführung und auf der Fahrstraße 150 Meter weiter, dann links in den asphaltierten Strimitzenweg. Auf ihm ein Stück steil aufwärts, danach rechts an Äckern entlang, unter der Unterbahnbrücke hindurch und nach **Zauchen**.

Blick von Gratschach zur Burgruine Landskron

Beim Gasthof »Koglers Vorspann« wenige Meter nach links, anschließend gleich wieder rechts in die Michaeler Straße und auf der wenig befahrenen Straße nach **Gratschach**. Im Ort, direkt an der Straße, befindet sich der Gutshof Landskron, wo man gute Frischprodukte erwerben kann. Gegenüber liegt das kulturhistorisch bedeutsame *Kircherl von Gratschach* aus dem 9. Jahrhundert. Zwischen Gratschach und St. Andrä radelt man an Erdbeer- und Himbeerfeldern vorbei, die zum Selberpflücken einladen.

☞ AUF EINEN BLICK

Anfahrt:
Mit dem Auto bzw. der Bahn bis zum Villacher Bahnhof oder mit den Drau-Schiffen bis zur Schiffsanlegestelle Kongreßhaus. Großer Parkplatz an der Ecke Ossiacher Zeile/Draubrücke.

Ausgangsort: Villach (501 m).

Zielpunkt: Villach.

Fahrradverleih:
Hauptbahnhof, A-9500 Villach, Tel. (04242) 2020-4986. • »Das Radl«, Italienerstraße 22, A-9500 Villach, Tel. (04242) 26954.

Fahrradreparatur:
Preyer Rad, Kärntner Straße 23, A-9500 Villach, Tel. (04242) 32444. • Radsport Fabjan, Treffner Straße 2, A-9500 Villach, Tel. (04242) 28413.

Schiffahrt:
Personentransport auf der Drau Ende April bis Mitte Okt.; Auskunft: Tel. (04242) 58071.

Übernachtung unterwegs:
Gasthof »Zur Post«, St. Magdalenenstraße 4, A-9524 St. Magdalen, Tel. (04242) 42076. • Camping Mentl, Süduferstraße 260/265, A-9570 Ossiach, Tel. (04243) 45617.

Einkehr unterwegs:
Gasthof »Koglers Vorspann« in Zauchen, Gasthof »Zum Würstl-Willi« in Villach, Gasthof »Latritsch« in Gratschach (wochentags erst ab 16 Uhr geöffnet), Gasthof »Meschek« in St. Ruprecht (ebenfalls erst ab 16 Uhr), ferner auf Burg Landskron und in Vassach.

Sehens- und Wissenswertes:
Burgruine Landskron mit Adlerwarte; im Sommer Greifvogelvorführungen tägl. 11 und 16 Uhr, im Juli und Aug. auch 18 Uhr. • *St. Ruprecht:* Renn- und Sportwagenmuseum; ganzjährig geöffnet Mo bis Fr 8–12 Uhr und 13–17 Uhr, Sa/So 10–12 Uhr und 13–18 Uhr.

Auskunft:
Büro für Tourismus der Stadt Villach, Europaplatz 2, A-9500 Villach, Tel. (04242) 24444.

Karten:
Freytag & Berndt WK 233, Kärntner Seen – Villach – Klagenfurt (1:50000) mit Radwanderrouten.
• Das Büro für Tourismus hat eine eigene Broschüre zu diesem Radweg herausgegeben, die neben detaillierten Kartenskizzen auch die Adressen der Direktvermarkter enthält.

Varianten:
• *Variante 1:* Bei der Abzweigung nach St. Ruprecht leitet eine Markierung (Schild »Elli-Riehl-Puppenmuseum«) über Niederdorf nach Treffen. Am anderen Ortsende folgt man rechts der Gerlitzenstraße bergwärts, bis links (Richtung Käserei Stubner) der Weg nach Winklern abzweigt. Auf der kleinen Hochterrasse geht es, zum Teil auf unbefestigtem Wirtschaftsweg, nach Winklern (9 km).
• *Variante 2:* Bei der Pappelallee kurz hinter St. Andrä, auf Höhe des Ossiacher Sees, kann man die Tour abkürzen und auf direktem Wege (ausgeschildert) nach Villach zurückkehren (6 km).

✎ DER BESONDERE TIP

In Winklern bei Treffen (Variante 1) befindet sich in einem schönen ehemaligen Bauernhaus (Winklern 14, Einöde, Tel. [04248] 2395) die Elli-Riehl-Puppenwelt mit über 600 Figuren. Öffnungszeiten: 15. April bis 30. Juni 9–12 Uhr und 14–18 Uhr, 1. Juli bis 30. Sept. 9–18 Uhr, 1. bis 15. Okt. 14–18 Uhr. Etwas unterhalb davon liegt das Pilz-, Wald- und Naturerlebnismuseum. Auf 500 m² Ausstellungsfläche kann man eine einzigartige Schau mit Fantasy-Wald, Bergkristallen und Riesenspinnen bewundern. Eine kleine Buschenschänke ist angeschlossen. Öffnungszeiten: Osterwoche bis 26. Okt. tägl. 9–18 Uhr, April und Okt. 9–17 Uhr; Auskunft: Familie Zindler, Tel. (04248) 2666.

Im Elli-Riehl-Puppenmuseum

Kurz vor St. Andrä zweigt rechts der Schloßbergweg ab. Hier gehört der Abstecher zur *Burgruine Landskron* fast zur Pflicht. Eine kleine Seilbahn bringt rasch hinauf zur *Adlerwarte* und zur Aussichtsterrasse.

Nach diesem Ausflug radelt man geradeaus weiter, quert eine Ampelkreuzung in **St. Andrä**, fährt jenseits kurz abwärts zu einer Brücke, hinter der links weg die Variante 1 am Seebach entlang zurück nach Villach führt. Nun noch ein Stück durch eine Pappelallee, bis links der Weg Richtung Niederdorf abgeht. Bald zweigt wieder links der Feldweg nach **St. Ruprecht** ab. Man fährt durch eine Unterführung und gelangt zu den beiden *Kirchen von St. Ruprecht*.

Rechts am Gasthof »Meschik« vorbei kommt man hinauf zur Millstätter Straße (etwa 200 m rechts dieser Straße entlang erreicht man das *Renn- und Sportwagenmuseum De Cillia)*. Man überquert sie und fährt jenseits den Pomonaweg hinauf, wo man auf die B 94 trifft. Nun diese auf dem Radweg 700 Meter entlang, bis links ein gut befahrbarer, schattiger Waldweg abzweigt. Auf diesem wird das Gasthaus »Waldruhe« über dem **Vassacher See** (mit Badeanstalt) erreicht.

Auf asphaltiertem Fahrweg weiter und den Brandenburgweg hinab zu einer Straße, wo man der Ausschilderung nach St. Leonhard folgt – ein guter Platz, um bei der Radlstation »Zum Würstel-Willi« eine Pause einzulegen. Weiter geht es Richtung Villach-Vassach, dann rechts, vorbei am »Seegasthof Schmid«, am **Leonharder See** entlang bis zum Ende der Straße.

Man radelt links in die Treffner Straße und nach 200 Metern wieder rechts in den Ulmenweg. Nach einer Schleife durch **Vassach** fährt man über den Lindenweg und die Treffner Straße direkt hinein nach Villach bis zum Straßenende. Man überquert die Straße und steuert auf dem Radweg auf die Gleisanlagen des Hauptbahnhofs zu. Nun rechts weiter, über eine querführende Straße, dann an einem Bahngleis entlang bis in Höhe der »Advent Mission«. Dort rechts hinab zur Steinwenderstraße, scharf links, durch zwei Unterführungen und wieder links zum Hauptbahnhof von **Villach**.

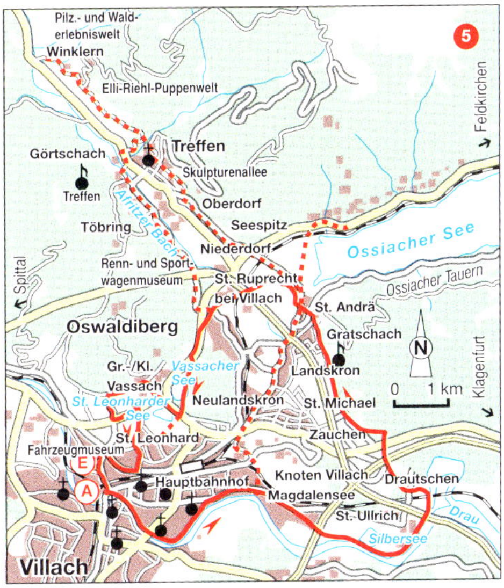

6 VON FAAK ZUR RUINE FINKENSTEIN

Hoch über dem Faaker See thront die Burgruine Finkenstein, die nicht nur einen herrlichen Ausblick verspricht, sondern auch alljährlich im Sommer eine Arena für populäre Konzerte abgibt. Für ausdauernde Radler bietet sich eine durchaus zu bewältigende Auffahrt, wenngleich man die Tour nicht in der größten Mittagshitze unternehmen sollte. Als Alternative gibt es die Umrundung des Faaker Sees. Der Blick auf den Mittagskogel und Kärntens berühmtester Bildstock sind dabei die Highlights.

INFO ZUR TOUR

Gesamtlänge: 17 km.

Gesamtfahrzeit: 3 Std.

Etappen:
Faak a. See – Finkenstein – Ruine Finkenstein – »Martinihof« – Faak a. See.

Tourencharakter:
Von Finkenstein bis zum Parkplatz bei der Ruine Finkenstein 240 Hm. Überwiegend geteerte, schmale Sträßchen, im Talbereich zu Beginn 2 km unbefestigter Fahrweg.

Markierung:
Anfangs Radwegmarkierung R1C (grün), Orientierung an den Ortshinweisschildern.

Der Mittagskogel über dem Faaker See

Zu einer Burgarena von Weltruf

Gestartet wird in Ortsmitte von **Faak a. See** bei der Freiwilligen Feuerwehr. Man radelt zuerst auf dem schmalen Sträßchen (Radweg R1C) den Bach entlang Richtung Pension »Sonnhof«. Ein Stück geht es durch Wald bis zu einer Wegverzweigung. Dann hält man sich links und fährt durch eine grüne Verlandungszone des Faaker Sees. Nach etwa 2 Kilometern trifft man auf eine querführende Teerstraße, die rechts in den Ort **Höfling** führt.

Vorbei am Gästehaus der Maria Oschgan, dann links zum Kirchplatz von Höfling. Nun links und zwischen Kirche und »Kirchenwirt« hinunter und jenseits die Finkensteiner Marktstraße ansteigend zur B 85. Man quert die Bundesstraße in **Finkenstein** und radelt geradewegs weiter auf den Berg zu, wobei man auf der F.-Wedenig-Straße durch ein kleines Bauerndorf emporstrampelt. Bald erreicht man schattigen Wald, passiert den *Kan-*

Die Burgruine von Finkenstein

Am Badestrand in Neuegg

Tsch-tschu-Bahn am Faaker See

Bauernlandschaft bei Outschena

zianer Klettergarten (mit Informationsstelle) und fährt, immer ansteigend durch Wald und einige Bauernwiesen, hinauf nach **Altfinkenstein**. Auf der Terrasse oder im »Ritterkeller« kann man die Gedanken schweifen lassen. Anschließend geht es direkt zum *Aussichtsturm*, wo man den Blick aufs weite Land genießt.

Für weitere Abwechslung sorgt eine *Sommerrodelbahn* beim Gasthof »Baumgartnerhöhe« etwas oberhalb am Berg (Abzweigung etwa 200 m ab Parkplatz). Falls das nicht nach jedermanns Geschmack ist, radelt man dann natürlich

AUF EINEN BLICK

Anfahrt:
Mit dem Auto von Villach auf der Straße nach Faak am See bzw. von Ferlach auf der B 83. Faak a. See ist Bahnstation.

Ausgangsort:
Faak a. See (565 m).

Zielpunkt:
Faak a. See bzw. Bahnhof Faak a. See.

Fahrradverleih:
Bahnhof, A-9583 Faak a. See, Tel. (04254) 2149.

Übernachtung unterwegs:
Gästehaus Maria Oschgan, Höfling 5. • »Ruinenstüberl« in Altfinkenstein. • Weitere Gasthöfe und Privatquartiere rund um den Faaker See.

Einkehr unterwegs:
Gasthof »Kirchenwirt« in Höfling, »Martinihof«, »Ritterkeller« der Burgruine Finkenstein.

Auskunft:
Fremdenverkehrsbüro Faaker See, A-9580 Drobollach, Tel. (04254) 2185.

Karte:
Freytag & Berndt WK 233, Kärntner Seen – Villach – Klagenfurt (1: 50000) mit Radwanderrouten.

Variante:
Von allen Punkten am Faaker See läßt sich eine Rundtour um den See unternehmen (Routentafeln »Seerundweg«, z.T. Markierung R1 C), mit einem Abstecher auf den Aussichtsberg Tabor. Im südöstlichen Teil bewegt man sich überwiegend auf separaten Radwegen bzw. verkehrsarmen Straßen. Zwischen Neuegg und Egg bleibt nur die Uferstraße. Auf der Westseite verführt ein Sandweg zu einer Abkürzung durch Wald; diese ist jedoch nicht unbedingt zu empfehlen, besser auf der Landesstraße bis Faak a. See bleiben (12 km).

Vorbei am berühmten Bildstock in Egg

nicht bei der nächsten Wegabzweigung ins Tal hinunter (kurz vor der Abzweigung zum »Baumgartnerhof« geht links eine Verbindungsstraße ab, die direkt hinunter nach Faak a. See führt), sondern genießt noch die schöne Hochfläche und den Blick auf das Villacher Becken.

Man fährt auf der Höhe links weiter Richtung »Martinihof«, den man nach etwa 2 Kilometern erreicht. Die Strecke steigt nur mehr leicht an bis zur Ortschaft **Outschena** und ist verkehrsarm und gut zu befahren, zuweilen führt sie auch

DER BESONDERE TIP

Burg Finkenstein war als »Vinchenstain« bereits seit dem Jahre 1143 Sitz der Grundherrschaft. Nach einer bewegten Geschichte fiel die Anlage 1928 als Gegenleistung für zu bezahlende Erbschaftssteuer an die Republik Österreich. Die Familie Satran erwarb die Burg 1980 und führt seitdem das Burgrestaurant.

durch schattige Waldabschnitte. Man bewegt sich auf dem sogenannten *Kärntner Grenzweg*, einem Wanderweg entlang der Kärntner Grenzgipfel, der hier seinen tiefsten Punkt erreicht – immerhin radelt man auf einer Höhe von knapp 1000 Metern.

Die Straße biegt vor der Ortschaft Outschena links weg. Nun geht es allmählich wieder abwärts, und das genießt man auch nach der etwas anstrengenden Auffahrt zur Burgruine. Dann kommt man am einladenden Gasthof »**Martinihof**« vorbei. (Von hier bietet sich ein Abstecher weg von der Straße zum Weiler Ischnig an, der auch mit einer Buschenschänke aufwartet.)

Etwas rasant läßt man sich nun abwärts Richtung Talebene rollen und passiert nach 500 Metern eine einzeln stehende Kirche direkt am Waldrand mit schönem Blick auf das freie Land darunter. Gleich neben der Kirche gibt es einen idealen Picknickplatz. Anschließend radelt man durch malerische Bauernlandschaft mit verstreut liegenden Höfen talwärts. Zahlreiche Obstbäume bilden insbesondere zur Blütezeit im Frühjahr einen hübschen Kontrast zu den dunklen Wäldern ringsum.

Zuletzt fährt man noch durch ein schattiges Waldstück und erreicht den kleinen Ort **Latschach.** Man überquert die Landstraße (B 85) und wendet sich halb links durch den Ort. Bei einer vorfahrtsberechtigten Straße geradeaus, dann rechtshaltend auf einem schmalen Fahrweg weiter durch Latschach, bis man auf einen kleinen Bach trifft. Links über ein Brückchen, danach rechts durch den Ort bis zum Bahnübergang. Hier orientiert man sich wieder rechts zum Bahnhof **Faak a. See** oder links durch die Bahnhofstraße und dann rechts weiter auf der stärker befahrenen Hauptstraße zurück in die Ortsmitte.

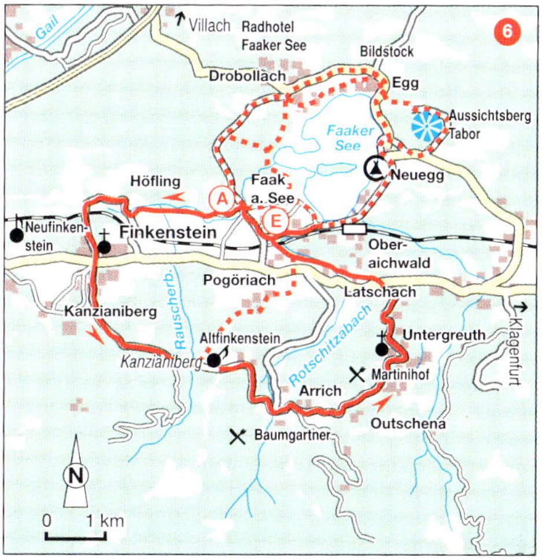

7 RUND UM DEN WÖRTHER SEE

Durch seine gebirgige Umgebung vor rauhen Winden geschützt, ist der Wörther See mit einer mittleren Temperatur von 23 Grad im Sommer der wärmste der großen Kärntner Seen. Abgesehen von den prominenten Tourismusorten Velden, Pörtschach oder Maria Wörth gibt es noch einige andere Highlights zu entdecken. Bei einer Radumrundung, kombiniert mit Bahn- und Schiffahrten, kann man auch die Ministadt Minimundus bei Klagenfurt oder Gustav Mahlers Komponierhäuschen besuchen.

INFO ZUR TOUR

Gesamtlänge:
18 bzw. 42 km (gesamte Rundfahrt).

Gesamtfahrzeit: 3 bzw. 6 Std.

Etappen:
Velden – Pörtschach – Goritschach – Krumpendorf – Maria Loreto – Maria Wörth – Velden (– Wildpark Rosegg).

Tourencharakter:
Nahezu eben. Radwege (auf der Nordseite des Sees zwischen Velden und Maiernigg fast durchgängig, auf der Südseite nur in Ansätzen) und Bundesstraße, gelegentlich Radstreifen.

Markierung:
Keine durchgehende Ausschilderung, abschnittsweise Fahrradsymbole.

Die Halbinsel Maria Wörth im Wörther See

Vom Jetset-Getriebe zu Mahlers Komponierhäuschen

Vom Zentrum in **Velden a. Wörther See** radelt man zuerst auf der Seepromenade oder am Corso ostwärts auf der B 83 in Richtung Pörtschach. Nachdem man das Strandbad hinter sich gelassen hat, führt ein Radweg direkt am Seeufer entlang bis Saag. Dort muß man sich dann mit der B 83 bis **Pörtschach a. Wörther See** begnügen. Selbstverständlich läßt man den quirligen Ort nicht rechts liegen, sondern stattet der in den See ragenden Halbinsel einen Besuch ab, wobei man immer dem Ufer folgt.

Über **Goritschach** und **Pritschitz** geht es dann weiter nach **Krumpendorf**, wo wieder einige Strandbäder warten. Wie schon vor Pörtschach radelt man nun

Der Wörther See vom Pyramidenkogel aus

Die Wallfahrtskirche von Maria Saal

Magie ferner Welten im Minimundus

Laubengang am Landhaus in Klagenfurt

immer an der Eisenbahntrasse entlang bis zum Ostufer des Sees, wo man auf den Lendkanal trifft, der den Wörther See mit dem Zentrum von Klagenfurt verbindet.

Falls man der kleinen Welt von *Minimundus* oder dem *Reptilienzoo* in Klagenfurt einen Besuch abstatten will, ist die Anfahrt über den Radweg entlang dem Lendkanal besonders gut geeignet. Wem der Sinn nach Baden steht, der hält sich am Kanal nach rechts und gelangt so zum großen Strandbad und Schloß **Maria**

☞ AUF EINEN BLICK

Anfahrt:
Mit dem Auto auf der A 2 oder B 83 bis Velden a. Wörther See. Mit der Bahn bis Velden oder zu jeder beliebigen Station am See.

Ausgangsort:
Velden a. Wörther See (450 m); es ist jedoch auch jeder andere Ort entlang dem Seeufer möglich.

Zielpunkt: Velden a. Wörther See oder Klagenfurt.

Rückfahrt:
Falls keine Rundfahrt angestrebt wird, Rückkehr mit der Bahn entweder von Klagenfurt bzw. von Velden. Auch Schiffahrt auf dem Wörther See ist möglich; Mitnahme der Fahrräder bei ausreichend Platz auf dem Schiff. Anlegestellen: Velden, Pörtschach, Krumpendorf, Klagenfurt-See, Sekirn, Reifnitz, Maria Wörth, Dellach, Weißes Rößl und Auen.

Fahrradverleih:
Bahnhof, A-9220 Velden a. Wörther See, Tel. (04272) 2115-33. • Bahnhof, A-9210 Pörtschach a. Wörther See, Tel. (04272) 2304. • Bahnhof, A-9210 Krumpendorf, Tel. (04229) 2362. • AGIP-Tankstelle Konzel, Villacher Straße 21, A-9220 Velden, Tel. (04272) 2482. • MGE Freeway, Klagenfurter Straße 1, A-9220 Velden, Tel. (04272) 51934.

Fahrradreparatur:
Shell-Tankstelle, Roseggerstraße, A-9220 Velden a. Wörther See, Tel. (04272) 3480-0. • Kontaktaufnahme über »Fahrradies«, A-9020 Klagenfurt, Tel. (0463) 36187.

Übernachtung unterwegs:
Gasthof »Pisl«, Görtschach 5, A-9210 Krumpendorf, Tel. (04229) 2794. • Hotel-Garni »Seehof«, A-9082 Maria Wörth 32, Tel. (04273) 2286. • Urlaub auf dem Bauernhof: Windischhof, Sonnental 21, A-9220 Velden a. Wörther See, Tel. (04272) 2947.

Einkehr unterwegs:
Unzählige Möglichkeiten. Als besonders bikerfreundlich gelten: »Pörtschacher Stüberl« in Pörtschach-See und »Café Kutternig« in Krumpendorf-See.

Sehens- und Wissenswertes:
Klagenfurt: Zwischen dem Stadtrand und dem Ostufer des Wörther Sees findet man die Miniwelt »Minimundus«. Besonders Kinder zeigen an den über 160 maßstabgetreuen Modellen von internationalen baulichen Wahrzeichen großes Interesse. Öffnungszeiten: April und Okt. 9–17 Uhr, Mai, Juni, Sept. 9–18 Uhr, Mi und Sa bis 21 Uhr. Direkt neben Minimundus liegt Happ's Reptilienzoo und Sauriergarten. Öffnungszeiten: Mai bis Okt. tägl. 8–18 Uhr. • *Wildpark Rosegg:* Größter und artenreichster Wildpark Kärntens, 5 km vom Westufer. Öffnungszeiten: April bis Nov. tägl. 9–17 Uhr, Juli und Aug. 9–18 Uhr.

Auskunft:
Fremdenverkehrsverband, Casinoplatz 1, A-9220 Velden a. Wörther See, Tel. (04272) 2103.

Karte:
Freytag & Berndt WK 233, Kärntner Seen – Villach – Klagenfurt (1:50000) mit Radwanderrouten.

Varianten:
Variante 1: Zufahrt von Klagenfurt: Der Lendkanal war seit dem 16. Jh. der natürliche Transportweg von den Orten am Wörther See bis in die Stadtmitte von Klagenfurt. Heute dient er touristischen Zwecken. Entlang seiner Ufer wurde ein durchgehender Radweg angelegt, der Ausflügler direkt aus dem Zentrum an das Seeufer geleitet (5 km). • *Variante 2:* Eine große Kultur-Tour ergibt sich, wenn man aus dem Zentrum von Klagenfurt nach Norden fährt. Die Strecke ist zuweilen recht hügelig, aber landschaftlich wie kulturhistorisch beeindruckend. Über die St.-Veiter-Straße erreicht man den Flughafen. Dort nach der Abfertigungshalle in die St.-Georgener-Straße und weiter nach St. Georgen a. Sand. Anschließend über Drasen-, Nessen- und Judendorf nach Maria Saal, wo neben der berühmten Wallfahrtskirche auch das Kärntner Freilichtmuseum zu besichtigen ist. Bei Arndorf biegt man links ab und gelangt so zum Herzogstuhl. Über Möderndorf, Pörtschach a. Berg und Karnburg kehrt man wieder nach Klagenfurt zurück (33 km).

Loreto. Auf der Seeterrasse des Restaurants gönnt man sich die verdiente Pause und genießt den freien Blick auf den See.

Für den Weiterweg fährt man ein Stück zurück, quert den Lendkanal, biegt rechts in den Schilfweg ein und radelt vor, bis rechts der Anschluß nach **Maiernigg** angezeigt wird. Auf der Bundesstraße bzw. auf dem Radweg entlang, bis man wieder an den See kommt. Im Wald oberhalb von Maiernigg kann man eine Stippvisite zu Gustav Mahlers Komponierhäuschen machen, das zu besichtigen ist.

Anschließend rollt man immer auf der Südseite des Wörther Sees entlang der Straße – nur einige kurze Abschnitte auf Radstreifen – über **Reifnitz** nach **Maria Wörth**. Diese wohlbekannte Halbinsel mit der berühmten kleinen Kiche muß man natürlich besuchen.

Die weitere Route über **Dellach**, **Auen** und **Kap Wörth** nach Velden verläuft auf der Straße. Bad reiht sich an Bad, die Strecke ist angenehm schattig. Abgesehen von dem zuweilen dichten Kfz-Verkehr wird man auch zahlreichen Radfreunden begegnen, was der Verkehrssicherheit durchaus dient, da die Autofahrer somit automatisch auf Radler eingestellt sind.

Nach einer abwechslungsreichen, jedoch nie anstrengenden Fahrt erreicht man das Zentrum von **Velden a. Wörther See**, wo die Tour ihren Ausgang nahm. Und falls noch Zeit bleibt, steht einem Herumschlendern im Ort nichts mehr im Wege. Über die Koschat- und die Bahnhofstraße wird – falls ein anderer Einstieg gewählt wurde – der Anschluß zum Radweg nach Pörtschach a. Wörther See hergestellt.

DER BESONDERE TIP

Zur Zeit der Gründung im 9. Jh. lag die Kirche von Maria Wörth noch auf einer Insel. Erst später ergab sich durch Absenkung des Wasserspiegels die heutige Halbinsel. Nach Überführung der Reliquien der Heiligen Primus und Felizians erlangte die Kirche als Missionszentrum hohes Ansehen.

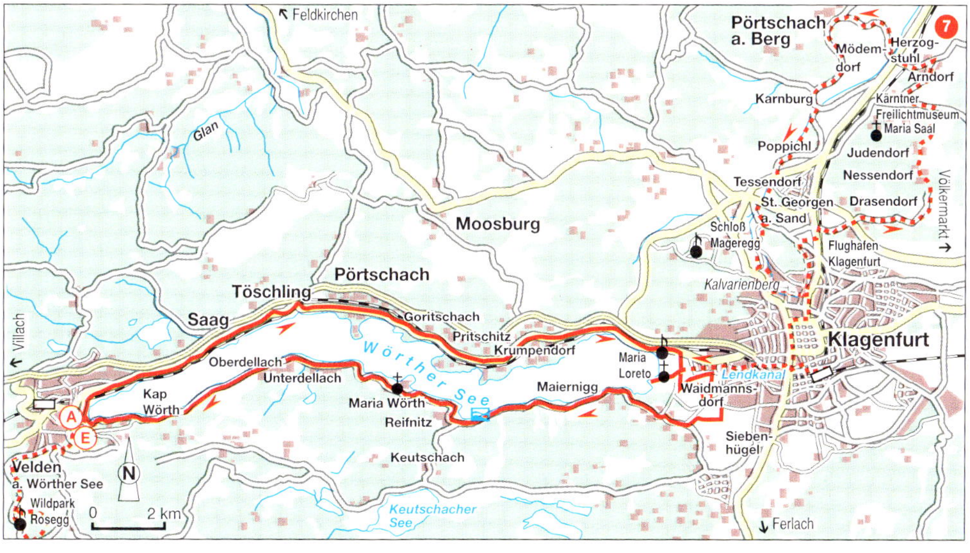

8 IM SEENTAL KEUTSCHACH

Umfangreiche Keramikfunde weisen für das Keutschacher Seengebiet – Relikt der letzten Eiszeit – eine Besiedlung seit der Jungsteinzeit nach. Im Keutschacher See, dem größten der fünf Seen, wurden sogar Reste einer ehemaligen Pfahlbausiedlung entdeckt. Kulturdenkmäler finden sich verstreut in der ganzen Region, doch muß man sie sich teilweise auch zu Fuß erwandern, so den heidnischen Opferstein oberhalb von Plaschischen. Trainierte Radler erstrampeln sich den Weg hinauf zum Pyramidenkogel.

INFO ZUR TOUR

Gesamtlänge: 18 km.

Gesamtfahrzeit: 3 Std.

Etappen:
Bei Keutschach a. See – Plescherken – Hafnersee – Keutschacher See – Rauschelesee – Höflein – Keutschach a. See – (Pyramidenkogel).

Tourencharakter:
Einige unwesentliche Anstiege, vor allem im Bereich des Rauschelesees. Radwege, Wald- und Wiesenwege, einige Schiebepassagen. Rundtour mit Abkürzungsmöglichkeiten. Der Abstecher auf den Pyramidenkogel erfordert den trainierten Radler.

Markierung:
Wechselnd: R4 A, 28 A, Weg-Nr. 30, 34 und Tafel »Radweg«.

Abendstimmung am Keutschacher See

Auf den Spuren der letzten Eiszeit

Man beginnt die Radrunde am **Nordufer des Keutschacher Sees**, bei der Abzweigung der Straße zum Pyramidenkogel (Parkplatz). Zuerst die Straße Richtung Schiefling entlang, bis etwa 200 Meter nach dem Westufer links ein schmaler Dorfweg abzweigt (R 4 A). Auf diesem durch den Ort **Plescherken**, dann auf schmalem, aber befestigtem Fahrweg entlang der Bundesstraße zum Gasthof »Allesch«.

Auffahrt zum Pyramidenkogel

Am stillen Südufer des Keutschacher Sees

Hafner und Keutschacher See aus der Luft

Kurz dahinter zweigt links ein unbefestigter Fahrweg ab, der durch Feld und Flur zu den ersten Häusern von **Roda** bringt. Auf der querführenden Straße links weiter, dann geradeaus (Markierung 28 A) – nicht rechts über die Brücke – auf einem Waldweg bis an den Fuß des *Penken* (Landschaftsschutzgebiet). Links haltend weiter durch Wald und dann am Waldrand entlang auf gut befahrbarem Wirtschaftsweg. Links unterhalb erkennt

Auf dem Aussichtsturm des Pyramidenkogels

Naturnahes Radeln im Seengebiet

Uraltes Bauernland: das Keutschacher Hochtal

☞ AUF EINEN BLICK

Anfahrt:
Mit dem Auto von der Südseite des Wörther Sees bei Reifnitz direkt nach Keutschach a. See oder von Velden a. Wörther See über Schiefling bzw. Klagenfurt über Viktring ins Keutschacher Seental.

Ausgangspunkt:
Straßenabzweigung zum Pyramidenkogel bei Keutschach a. See (538 m).

Zielpunkt: Keutschach a. See.

Fahrradverleih:
Sportzentrum Schloß Keutschach, Tel. (04273) 2227. • Feriendorf »Sotour Austria« am Hafnersee, Tel. (04273) 2375. • »Pezis Buschenschank«, A-9074 Keutschach a. See, Tel. (04273) 2644-0. • Gasthof »Brückler«, Camping-Nord, Plaschischen 5, A-9074 Keutschach a. See, Tel. (04273) 2384. • Strandbad Rauschelesee, Tel. (04274) 2957. • Die Gemeinde Keutschach bietet von Mai bis Sept. geführte Radtouren an (jeweils Di); Treffpunkt Sportzentrum Schloß Keutschach (bei Voranmeldung werden Mieträder gestellt).

Übernachtung unterwegs:
Familienparadies Gasthof-Pension Reichenhauser, Rauschelesee 3, A-9074 Keutschach a. See, Tel. (04273) 2325. • Frühstückspension »Pichlerhof«, Höflein 3, A-9074 Keutschach a. See, Tel. (04273) 2392. • Urlaub auf dem Bauernhof: Hof Kotzian, Plescherken 20, A-9074 Keutschach a. See, Tel. (04273) 2428. • Bauernhof Liendl, Fam. Scheriau, A-9074 Keutschach a. See 3, Tel. (04273) 2644-0.

Einkehr unterwegs:
Gasthof »Allesch«, Jausenstation »Satron« am Südufer des Keutschacher Sees, »da Elvira« und Strandcamping Süd am Keutschacher See, Strandbüffet am Strandbad Rauschelesee, Gasthaus »Zur Herzele Wirtin« und »Kirchenwirt« in Keutschach a. See, Gasthaus »Brückler« in Plaschischen.

Sehens- und Wissenswertes:
Aussichtsturm Pyramidenkogel: Von hier genießt man aus 905 m Höhe einen einzigartigen Rundblick auf die Südkärnter Seenlandschaft. Die Auffahrt mit dem Rad ist steil, aber machbar. Evtl. den Bus benützen, falls zuviel Verkehr. Öffnungszeiten: Mai und Sept. 9–19 Uhr, Juni 9–20 Uhr, Juli/Aug. 9–22 Uhr, April und Okt. 10–18 Uhr.

Auskunft:
Verkehrsamt Seental Keutschach, A-9074 Keutschach, Tel. (04273) 924500.

Karte:
Freytag & Berndt WK 233, Kärntner Seen – Villach – Klagenfurt (1:50000) mit Radwanderrouten.

Varianten:
Abkürzung jeweils nach dem Hafnersee, dem Keutschacher See und beim Rauschelesee.

man bereits den **Hafnersee**, darüber den Aussichtsturm des Pyramidenkogels. Am See entlang geht es durch Wald und Wiesen bis zur querführenden Straße, die zum **Südufer des Keutschacher Sees** leitet. Rechts zur Jausenstation »Satron«, anschließend im Linksbogen in den verstreuten Ort. Hier hat man dann eine FKK-Hochburg erreicht mit dem Großcamping »Sabotnik«.

Man fährt bis zu den letzten Häusern, danach links weiter auf schmaler Fahrstraße (Markierung 30), die durch die ausgedehnten Camping-Siedlungen führt. Anschließend ein Stück durch Wald, bis der Weg am See endet. Jetzt heißt es ein wenig schieben, man passiert den »Kärntner Lichtbund«, eine FKK-Vereinigung, und kommt bald zur reizvollen Einkehrmöglichkeit »da Elvira«. Auf dem Sattel radelt man zum Strandcamping Süd mit weiterer Rastmöglichkeit.

150 Meter danach geht es rechts auf den Fahrweg Richtung Rauschelesee

(Markierung 34). Bei den ersten Häusern links und vor zu einem großen Bauernhof. Attraktion ist die *Hansche Mühle* aus dem Jahre 1826. Der Platz mit Bänkchen, Brunnen und Wiese eignet sich ideal zum Rasten. Zahlreiches altes Bauerngerät gibt es zu bewundern, und nebenan schnattern Gänse und meckern Ziegen.

Am Hof rechts vorbei zu einem weiteren Hof. Kurz davor bei einem Wegkreuz (ausgeschildert als »Radweg«) rechts ab. Nun ein Stück durch Wald bzw. am Waldrand entlang bis **Dobeiniz**. Man kann das Dorf links oder rechts umfahren, die Wege treffen sich in Nähe des Baßgeigensees wieder. Anschließend geht es auf einem Fahrweg aufwärts zu einem Bauernhof oberhalb des kleinen Sees. Nach dem ersten Hof sieht man die Ausschilderung »Radweg-Umleitung«, der man steil hinunter zum **Baßgeigensee** folgt. Der kleine See eignet sich nicht zum Baden; das Ufer ist zugewachsen, weist jedoch einen schönen Bestand an Sumpf- und Wasserpflanzen auf.

Am Ostufer des Sees quert man ein Brückchen und fährt bei dem querführenden Weg links weiter. Bald stößt man auf den **Gasthof »Rauschelesee«** (Familienparadies Reichenhauser), der ein kleines Paradies für Kinder darstellt. Neben einem Indianer-Spielplatz, großen Feen- und Märchengestalten gibt's den Rauschelesee-Express und einiges mehr. Von hier ist es nicht mehr weit zum Strandbad Rauschelesee. Entlang der ganzen Strecke ist dies der einzig empfehlenswerte Badeplatz.

Für die Rückfahrt nach Keutschach nimmt man den vor dem Bad steil emporführenden Fahrweg nach **Höflein**, das einige schöne Bauernhäuser aufweist. Nun links die Hauptstraße entlang Richtung **Keutschach a. See**. In den Ort hinein, da man so mit erheblich weniger Verkehr rechnen muß als auf der stärker befahrenen Hauptstraße; außerdem bieten sich zwei Einkehrmöglichkeiten an. Auf der anderen Seite des Orts stößt man wieder auf die Hauptstraße. Bei der Abzweigung zum Wörther See passiert man das Gasthaus »Brückler«, und geradeaus geht es zurück zum Ausgangspunkt am **Nordufer des Keutschacher Sees.**

Wer noch Energie übrig hat, kann abschließend mit dem Rad zum Aussichtsturm auf dem **Pyramidenkogel** fahren. Die 350 Höhenmeter erfordern jedoch gute Kondition.

Der besondere Tip

Bei St. Margarethen erhob sich einst die mächtige Burganlage Reifnitz, von der allerdings nur mehr Mauerreste vorhanden sind. In der Nähe des ursprünglich zur Burg gehörenden Meierhofs in St. Margarethen (Nr. 8) steht das älteste datierte, in Vollsteinbauweise errichtete Bauernhaus Kärntens. Eine Inschrift aus dem Jahre 1587 bezeugt diese frühe Nennung.

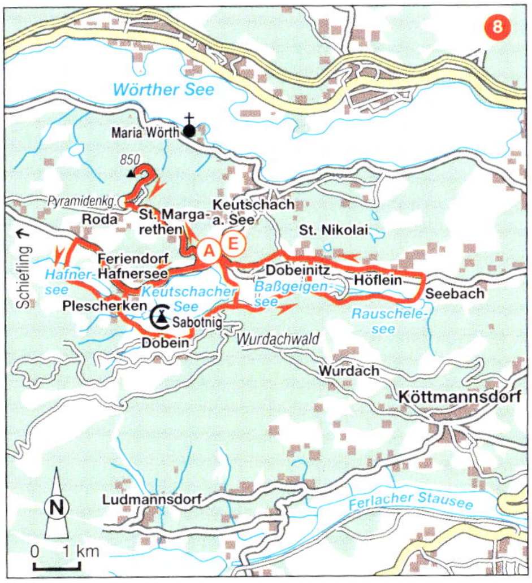

9 UNTERWEGS IM ROSENTAL

Das Rosental ist nicht etwa nach den Rosen benannt, die man dort vielleicht häufiger als anderswo finden könnte, vielmehr leitet sich der Name von dem althochdeutschen Wort »rasen« ab, das »Landschaft am Fluß« bedeutet. Dieses langgezogene Flußtal am Fuße der Karawanken hat einen guten Ruf als Urlaubsgebiet. Neben reizvollen alten, wie verwunschen wirkenden Bauerndörfern bietet vor allem die Flußlandschaft mit ihren künstlichen Seen eine Erlebniswelt besonderer Art. Im Rosental sind auch zwei Sprachen zu Hause: Deutsch und Slowenisch.

INFO ZUR TOUR

Gesamtlänge: 31 km.

Gesamtfahrzeit: 5 Std.

Etappen:
St. Jakob i. Rosental – Maria Elend – Suetschach – Ferlach – St. Johann i. Rosental – Ludmannsdorf – St. Jakob i. Rosental.

Tourencharakter:
In hügeligem Gelände sind, abgesehen von den Abschnitten auf dem Drau-Radweg, einige Anstiege zu bewältigen. Rundtour über Fahrstraßen, Ortsverbindungssträßchen und Schotterwege.

Markierung:
Auf dem Hinweg Beschilderung »Drau-Radweg«, zurück ohne Markierung.

Das Ferlacher Horn im Rosental

Suetschach – ein typisches Bauerndorf

Die Kirche von Suetschach

Entlang der Drau zur Geburtsstätte des Revolvers

Von der Ortsmitte in **St. Jakob im Rosental** radelt man zunächst auf der Bundesstraße Richtung Maria Elend und biegt nach knapp 1 Kilometer links Richtung Feistritz ab. Dann den Bach entlang hinunter zur Drau, wo man auf den querführenden Drau-Radweg trifft. Auf diesen schwenkt man rechts ein, quert eine Furt und folgt dem markierten Radweg, vorbei an der Selklacher Brücke, flußabwärts nach **Dragositschach** und

Oberhalb von Niederdörfl erstreckt sich das Keutschacher Seengebiet

weiter nach **Fresach**, wo man einen Abstecher hinauf zum kleinen Ort **Maria Elend** machen kann (die Normalroute verläuft weiter entlang der Drau). Hier wartet die sehenswerte gleichnamige *Wallfahrtskirche*.

Man bleibt ab Maria Elend ein kurzes Stück auf der Straße und und fährt dann rechts vor der großen Straßenbrücke in den Großen Suchagraben hinunter. Unter der Brücke hindurch und gleich wieder rechts über die neue Radbrücke, über die bald **St. Oswald** erreicht wird. Jenseits des Dorfes geht es zunächst leicht fallend hinab zum **Feistritzer Stausee**, dann wieder von ihm weg und rechts weiter durch Wald zum *Naturerlebnisdorf Rosental*. Der Radweg nähert sich nun wieder dem

Angleridyll am Ferlacher Stausee

☞ AUF EINEN BLICK

Anfahrt:
Mit dem Auto auf der A 11 bis zur Ausfahrt St. Jakob i. Rosental, dann auf der B 85 nach St. Jakob. Bahnverbindung von Villach bis Bahnhof Rosenbach.

Ausgangsort:
St. Jakob i. Rosental (535 m).

Zielpunkt:
St. Jakob i. Rosental.

Rückfahrt:
Rundtour; jedoch kann von Ferlach, St. Johann und Feistritz die Rückfahrt per Bahn angetreten werden.

Fahrradverleih:
Mountainbike-Verleih Peter Ruprecht, A-9182 Maria Elend 11, Tel. (04253) 8439. • Rad-Camping Schütz und Naturerlebnisdorf Rosental, s.u. • Gasthof »Auf der Huabn«, Fam. Plasch, A-9170 Reßnig 17, Tel. (04227) 2370-0.

Übernachtung unterwegs:
Rad-Camping Schütz, A-9162 Kirschentheuer 2, Tel. (04227) 2482. • Naturerlebnisdorf Rosental, A-9181 Feistritz i. Rosental, Tel. (04228) 2747-0. • Gästehaus »Mikula«, Tallach 49, A-9182 Maria Elend, Tel. (04253) 2256.

Einkehr unterwegs:
Gasthaus »Oberwirt« und Gasthof »Auer« in Maria Elend, »Rosentaler Stüberl« in St. Oswald, Gasthof »Adam« und Gasthaus »Stefaner« in Suetschach, Gasthof »Ogris« in Kappel a.d. Drau, Gasthaus »Gostisce« und Gasthaus »Gelbmann« in Ludmannsdorf.

Sehens- und Wissenwertes:
Suetschach: 1. Krampusmuseum Österreichs im Weisitschhaus neben der Kirche; hier wird die 100jährige Geschichte der ältesten Krampusgruppe dokumentiert. Anmeldung bei Josef Moser, Tel. (04228) 2638. • *Ferlach:* Büchsenmachermuseum im Rathaus am Hauptplatz. Öffnungszeiten: Mai bis Okt. tägl. 9–12 Uhr und 15–17 Uhr. • *Kirschentheuer:* In CARNICA präsentiert sich die uralte Imkertradition des Rosentals. Museumsbüro im Gasthof »Ratz«; Öffnungszeiten: 1. April bis 31. Okt. Fr, Sa, So und Fei 13–19 Uhr, Juni, Juli, Aug., Sept. tägl. 13–19 Uhr. • *St. Jakob i. Rosental:* In der Nähe befindet sich der Wildpark Rosegg mit Bisons, Luchsen, Adlern und Steinwild (siehe auch Tour 7).

Karte:
Freytag & Berndt WK 233, Kärntner Seen – Villach – Klagenfurt (1:50000) mit Radwanderrouten.

Stausee und verläuft anschließend, vorbei am Kraftwerk Feistritz, immer auf dem Uferbegleitdamm. Kurz vor dem Kraftwerk macht man einen Abstecher hinauf nach **Suetschach**, was zwar ein wenig Puste erfordert, doch der reizvolle Ort bietet nicht nur Einkehrmöglichkeiten, sondern auch das *1. österreichische Krampusmuseum.*

Eine Eisenbahnbrücke und die Rosentaler Bundesstraße werden unterquert, dann radelt man am **Ferlacher Stausee** entlang, vorbei an Kirschentheuer, zum kleinen Badesee Reßnig und zum Kraftwerk Ferlach. Dort befindet sich ein Informationszentrum.

Hier verläßt man den Lauf der Drau, überquert die Kleine Drau und fährt rechts die schmale Straße hinauf nach **Ferlach**, wo ein Besuch des *Büchsenmachermuseums* unbedingt zu empfehlen ist.

Die Rückfahrt verläuft anfangs noch auf der Rosentaler Bundesstraße (Achtung auf den Verkehr!) über Dobrowa und Görtschach bis **Kirschentheuer**. Nach dem kleinen Badesee biegt man links ab Richtung Kappel a.d. Drau. Auf einer kleinen Nebenstraße erreicht man **St. Johann i. Rosental** und **Unterfeistritz**. Dort radelt man rechts hinunter zur Drau, die man in Nähe des Kraftwerks und der Staumauer überquert.

DER BESONDERE TIP

Die Wallfahrtskirche Maria Elend aus dem 15. Jahrhundert hat einen gotischen Flügelaltar, der zu den schönsten seiner Art in ganz Kärnten zählt. Am Kapellenberg oberhalb des Dorfes (kleine Wanderung von 40 Minuten) befinden sich schöne Kapellen.

Nun geht es auf der anderen Uferseite weiter. Gleich nach der Brücke strampelt man ein steiles Stück Straße hinauf, hält sich oben sofort links (weg von der Hauptstraße) und radelt weiter aufwärts nach **Niederdörfl**. Dort ebenfalls links und über **Moschenitzen** und **Edling** hinauf nach **Ludmannsdorf**, das auf einer aussichtsreichen Terrasse liegt.

Ein paar hundert Meter hinter Ludmannsdorf zweigt links eine schmale Straße ab, die durch Weideland hinab nach **Franzendorf** und zuletzt recht steil über **Selklach** wieder zur Drau hinunterführt. Man überquert den Fluß über die Selklacher Brücke, fährt dann rechts und folgt ein kurzes Stück wieder dem Drau-Radweg. Auf dem Herweg geht es zurück nach **St. Jakob i. Rosental**.

Markanter Bildstock im Rosental

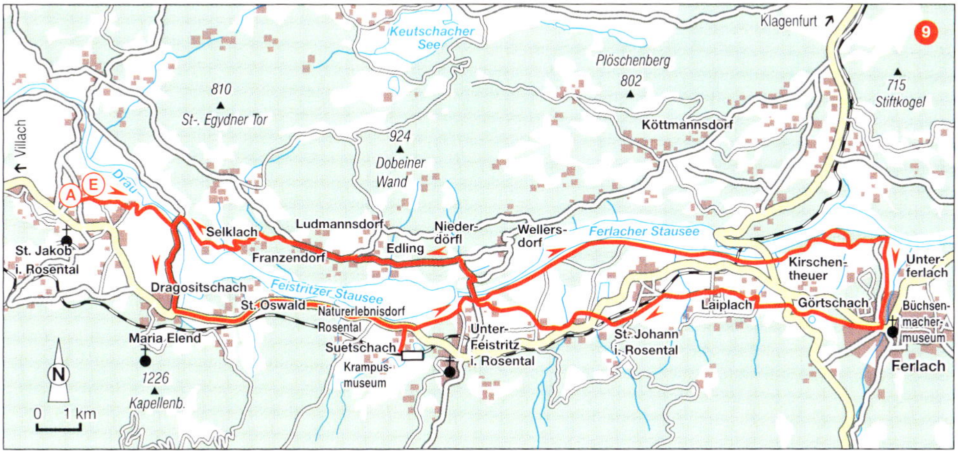

10 RUND UM ST. VEIT AN DER GLAN

St. Veit an der Glan war für ein paar Jahrhunderte Hauptstadt des Landes Kärnten. Erst 1518 mußte sie Klagenfurt den Vortritt lassen. Die Umgebung St. Veits zeichnet sich durch die wohl größte Burgendichte Mitteleuropas aus. Berühmtestes Beispiel und beeindruckendste Burganlage Kärntens, wenn nicht ganz Österreichs, ist die Burg Hochosterwitz, die nie erobert wurde. Einige der Burgen passieren wir am Rande, andere sind durch kürzere Abstecher leicht erreichbar.

INFO ZUR TOUR

Gesamtlänge: 25 km.

Gesamtfahrzeit: 4½ Std.

Etappen:
St. Veit a.d. Glan – Längsee – Kraiger See – St. Veit a.d. Glan.

Tourencharakter:
Hügeliges, jedoch leicht zu bewältigendes Gelände, maximal 150 m Höhendifferenz. Meist asphaltierte Nebenstraßen, einige Abschnitte unbefestigt, nur ein kurzes Stück Radweg.

Markierung:
Wechselnde Beschilderung »Rund um den See«, »Krappfeldweg«, »Wolschartweg«.

Durch 14 Tore gelangt man zur Burg Hochosterwitz

Der Rathausgiebel von St. Veit an der Glan

Im Innenhof des Rathauses

Rundtour um die ehemalige Hauptstadt Kärntens

Startpunkt ist der Bahnhof von **St. Veit a.d. Glan**, vor dem eine kleine Dampflokomotive als Blickfang steht. Auf Radstreifen geht es zuerst auf der Bahnhofstraße in Richtung Norden, bis rechts der Weg zur *Burgruine Taggenbrunn* ausgeschildert ist. Knapp 2 Kilometer sind es dann auf asphaltierter Straße, zuerst entlang der Bahnlinie, immer auf den Burgberg zu (Einkehrmöglichkeit in der »Burgtaverne«, jedoch steile Anfahrt, 160 Hm). Bei der ersten Straßenverzwei-

Der Längsee ist eingebettet in eine naturnahe Landschaft

gung hält man sich rechts, dann seitlich am Burgberg vorbei ansteigend in den Wald zu einer erneuten Wegverzweigung (rechts beginnt die Auffahrt zur Ruine).

Zuerst geradeaus weiter, dann links ab auf einen unbefestigten, schmalen Fahrweg, der weiterhin durch Wald zum Weiler **Schwag** führt. Hier heißt es etwas in die Pedale treten oder schieben, doch bald ist ein schöner Bauernhof auf einer Lichtung erreicht. Jenseits nochmal leicht ansteigend, dann fallend durch eine harmonische Bauernlandschaft. Rechts auf einer Anhöhe erkennt man die freistehende *Kirche St. Peter*, weit unten den Längsee und das Stift St. Georgen.

Auf asphaltiertem Fahrweg läßt man sich hinunterrollen zum **Längsee**. Dort, wo man auf den See stößt, verlocken das

Das Stift St. Georgen am Längsee

AUF EINEN BLICK

Anfahrt:
Mit dem Auto auf der B 83 von Klagenfurt bzw. der B 94 von Feldkirchen i. K. Mit der Bahn von Villach bzw. Klagenfurt.

Ausgangsort: St. Veit a.d. Glan (482 m).

Zielpunkt: St. Veit a.d. Glan.

Fahrradverleih:
Bahnhof, A-9300 St. Veit a.d. Glan, Tel. (04212) 3701-390. • Fremdenverkehrsamt im Rathaus, A-9300 St. Veit a.d. Glan, Tel. (04212) 5555-13.

Übernachtung unterwegs:
Camping Horst Pongratz am Hallen- und Freibadgelände, A-9300 St. Veit a.d. Glan, Tel. (04212) 5130. • Gasthof-Pension Schratt (Seehof), Töplach 7, A-9313 St. Georgen, Tel. (04213) 2231.

Einkehr unterwegs:
Café-Restaurant »Längseestüberl« und Seegasthaus »Längseebeach« am Längsee, Buschenschänke »Zedl« in Kraig, Gasthof »Adl« in Überfeld, Gasthaus »Hirter« in Bernaich.

Sehens- und Wissenswertes:
St. Veit a.d. Glan: Verkehrsmuseum am Hauptplatz; geöffnet: 1. Mai bis 15. Okt. tägl. 9–12 Uhr und 14–18 Uhr, Juli/Aug. Mo bis Fr durchgehend. Erlebenswert ist der St. Veiter Wiesenmarkt, der größte Viehmarkt Kärntens, bei dem jedermann Waren anbieten und kaufen kann; großes Kinder-Vergnügungsangebot; Beginn letzter Sa im Sept., Dauer 10 Tage.

Auskunft:
Fremdenverkehrsamt, Hauptplatz 1, Rathaus, A-9300 St. Veit a.d. Glan, Tel. (04212) 5555-13.

Karte:
Freytag & Berndt WK 231, St. Veit – Feldkirchen – Gurktal (1:50000) mit Radwanderrouten.

Varianten:
• *Variante 1:* Falls das Rad stabil und die Abenteuerlust groß ist, kann man in Überfeld kurz hinter dem Gasthof »Adl« links die Dorfstraße hochfahren (Radweg Nr. 57 nach Längsee). Man hält sich zuerst links, dann rechts und erreicht die letzten Häuser der Ortschaft. Nun auf unbefestigtem Fahrweg hinunter zu einem Einzelgehöft, dort links abwärts nach Breitenstein. Im Tal trifft man auf einen Bildstock. Rechts auf asphaltiertem, schmalem Fahrweg weiter, vorbei am kleinen Schloß Wimitzstein. Dann über eine Brücke, bis man nach einem Bauernhof zu einer erneuten Wegverzweigung kommt. Dort rechts, nochmal rechts und zum gut ausgebauten Radweg, entlang der B 83 nach St. Veit a.d. Glan (4 km).
• *Variante 2:* Für einen Abstecher zur Burg Hochosterwitz fährt man vom Längsee (bzw. kurz davor) auf Seitenstraßen über Dellach zur B 82, quert diese und radelt jenseits über Podeblach und Niederosterwitz zur Auffahrt zur Burg auf deren Westseite (Busverbindung ztum Parkplatz am Eingang). Die Rückkehr erfolgt über Launsdorf, Thalsdorf und Fiming zum Längsee (13 km).

DER BESONDERE TIP

Ein Abstecher zur Burg Hochosterwitz ist bei dieser Tour nahezu ein Muß. Die bereits 860 erstmals urkundlich erwähnte Anlage mit 14 Toren wurde in ihrer langen Geschichte nie erobert. Sie ist heute noch im Besitz der Khevenhüller, deren Vorfahren die Burg in ihrem jetzigen Zustand ausbauen ließen. Die gesamte Anlage und das Burgmuseum sind von der Osterwoche bis Oktober täglich geöffnet.

Seegasthaus »Längseebeach« und das »Längseestüberl« zur Einkehr. Der Zugang zum Strandbad ist ebenfalls auf dieser Seite des Sees; der größte Teil des Ufers ist sumpfig und nur schwer zugänglich.

Man radelt nun rechts entlang der Seeuferstraße auf das **Stift St. Georgen** (übrigens das älteste Kloster Kärntens) zu und biegt dann links in die schmale Asphaltstraße ein, die nach Drasendorf führt. Nach einem kurzen steileren Wegstück trifft man auf einen Bildstock. Hier verzweigt sich der Weg. Man hält sich links und fährt abwärts nach **Drasendorf**.

Zuerst die Dorfstraße hinauf bis zum Ende, dann links den Kirchbergweg hinunter und gleich wieder links. Auf steilem, unbefestigtem Weg abwärts und gleich wieder hinauf nach **Töplach**, wo man zuerst auf zwei Gasthöfe, dann auf die vom Südufer heraufführende Straße trifft.

Auf der Straße geht es rechts weiter nach **Bernaich** (mit Gasthaus und Campingplatz) und bis zur stark befahrenen B 83 (Vorsicht beim Überqueren!). Auf der anderen Straßenseite beginnt ein Feldweg, den man als Abkürzer zur Straße Richtung Dielach benutzt. (Ein Stück die Straße zurück kommt man zum Kogler-Bauern mit Direktverkauf ab Hof.) Man folgt der Ausschilderung »Krappfeldweg« rechts bis zur Abzweigung Kraig/Kraiger See. Zuerst eben Richtung Westen durch Ackerland, dann abwärts durch Wald bis zum großen Bauernhof **Spitz** (Verkauf von Most und Apfelsaft). Dahinter steigt die schmale, asphaltierte Straße wieder an. Nach Durchquerung eines weiteren Waldstücks erreicht man eine freie Hochfläche und damit auch **Kraig**.

Gleich am Ortsanfang findet sich die Buschenschänke »Zedl« mit Garten. Man hält sich links und fährt zur Hauptverkehrsstraße. Dort links, vorbei an den Gasthöfen »Post« und »Matschnig«, und weiter Richtung **Überfeld**, das man auf separatem Radweg erreicht. Kurz vor dem Ort zweigt rechts die Straße zum kleinen **Kraiger See** mit Badeanstalt ab. Folgt man dieser Straße, erreicht man über **Puppitsch** und **Zensweg** direkt St. Veit a.d. Glan. Der Radweg endet in Überfeld. Von dort abwärts auf der Fahrstraße nach **Tratschweg**, wo ein separater Radweg entlang der B 83 nach **St. Veit a.d. Glan** leitet.

Bauernlandschaft bei Spitz

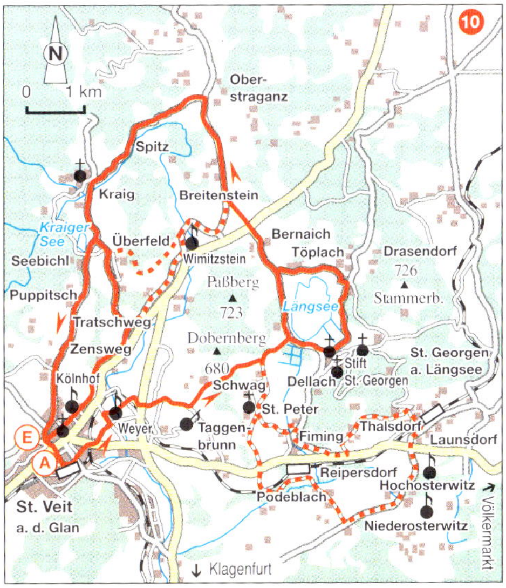

11 DER TAIN-ACHER RADWEG

Der Ort Tainach, der dieser abwechslungsreichen Radrunde den Namen gab, liegt südwestlich der Bezirksstadt Völkermarkt und macht bereits von weitem durch den mächtigen Komplex der Kirche Mariä Himmelfahrt und der angeschlossenen Propsteigebäude auf sich aufmerksam. Einen reizvollen Akzent setzt bei dieser Tour der Völkermarkter Stausee. Ausgangspunkt ist der Hauptplatz von Völkermarkt, eine Stadt mit anheimelnden Biedermeierhäusern und Resten einer spätmittelalterlichen Stadtbefestigung.

INFO ZUR TOUR

Gesamtlänge: 31 km.

Gesamtfahrzeit: 4 Std.

Etappen:
Völkermarkt – Völkermarkter Stausee – Burg Neudenstein – Wabelsdorf – Tainach – Völkermarkt.

Tourencharakter:
Hügelige Strecke mit einigen Anstiegen und Abfahrten. Fahrstraßen, befestigte und unbefestigte Wirtschaftswege; das Schlußstück verläuft auf dem Drau-Radweg. Einige Schiebestellen wegen fehlenden Ausbaus der Radroute.

Markierung:
Radwegweiser »Tainach A«, weiß auf grünem Grund.

Die Pfarrkirche von Völkermarkt

Auf den Spuren einer alten Römerstraße

Diese Rundtour startet man am Hauptplatz von **Völkermarkt**. Man fährt am besten durch das Alte Tor auf der Nordseite des Platzes und biegt dann links in die Mettinger Straße ein, die bald in die Klagenfurter Straße übergeht, bis nach einem knappen Kilometer links die Ritzingstraße abzweigt. In südlicher Richtung geht es nun durch den Ortsteil **Ritzing**.

Am Ende der Bebauung geradeaus weiter durch Äcker, danach in einer weiten Rechtskurve zum Abhang, wobei man bald links einen Verbindungsweg hinab zum Ufer des **Völkermarkter Stausees** nimmt. Man erreicht diesen jenseits der großen Brücke, die hinüber ins Gebiet der Klopeiner Seen führt. Hier beginnt bzw. endet der Drau-Radweg, dem man ein Stück folgt.

Am Stauseeufer entlang rollt man auf das *Schloß Neudenstein* zu, das in einem Vogelschutzgebiet liegt. Zum Schloß hinauf ist der Weg steil, und man muß vielleicht ein wenig schieben. Von der Anhöhe bietet sich ein herrlicher Ausblick.

Rechts auf der Asphaltstraße geht es anschließend hinauf zum kleinen Ort **Neudenstein** und links Richtung Straßer Mühle. Auf ebener Strecke weiter zum letzten Ort vor der B 70. 100 Meter vor der Bundesstraße links hindurchfahren. Am Ortsende den unbefestigten Fahrweg hinab, bis dieser endet. Zu Fuß über den schmalen Steg und jenseits hinauf zu dem kleinen Dorf **Pörtschach**.

Auf der nun wieder befestigten Dorfstraße radelt man danach links weiter

Blick zurück nach Drauhofen und Tainach

Ländliche Impression am Weg

Das Bettlerkreuz bei Tainacherfeld

Für Kinder ist überall Spielwiese

Am Völkermarkter Stausee

AUF EINEN BLICK

Anfahrt:
Mit dem Auto auf der B 70 von Klagenfurt bzw. der A 2 von Wolfsberg. Bahnstation Völkermarkt-Kühnsdorf.

Ausgangsort:
Völkermarkt (462 m).

Zielpunkt:
Völkermarkt.

Fahrradverleih:
Bahnhof, A-9100 Völkermarkt-Kühnsdorf, Tel. (04232) 8074-0.

Übernachtung unterwegs:
Gasthof-Pension »Karawankenblick«, Ruhstatt 17, A-9100 Völkermarkt, Tel. (04232) 2186. • Frühstückspension auf dem Bauernhof Schrott, Dullach 3, A-9121 Tainach, Tel. (04239) 2753.

Einkehr unterwegs:
Gasthaus »Stricke« in Wabelsdorf, »Hubertushof« und Gasthof-Café »Macek« in Tainach.

Sehens- und Wissenswertes:
Schloß Neudenstein: Das Schloß ist in Teilen zu besichtigen; sehenswert ist besonders der Renaissance-Innenhof.

Auskunft:
Fremdenverkehrsamt, Hauptplatz 1, A-9100 Völkermarkt, Tel. (04232) 2571-47.

Karten:
Freytag & Berndt WK 232, Völkermarkt – Klopeiner See – Turner See (1:50000) mit Radwanderrouten. • Radkarte Südkärnten (1: 50000), herausgegeben vom Tourismusverband Südkärnten, A-9141 Eberndorf.

Die Kirche von Wabelsdorf

(Markierung A) zum Waldrand und auf einem Wirtschaftsweg an diesem entlang, bis man nach etwa 1½ Kilometern auf eine Wegverzweigung mit Holzkreuz stößt. Auf Feldwegen geht es zwischen Äckern weiter durch das Gebiet von **Ladratschen** bis in die Nähe der Bundesstraße, dann über eine kleine querführende Straße und hinein in den Ort. Nach Erreichen der Bundesstraße 300 Meter an dieser entlang, danach rechts die Abzweigung Richtung St. Michael o.d. Gurk nehmen. Nach 700 Metern biegt man nach links, fährt ein Stück die Straße hinunter und wendet sich nach 100 Metern rechts auf einen Feldweg.

Zwischen der Ortschaft **Kreuzergegend** und dem Wald ein Stück Richtung Westen, wobei die Bundesstraße fast wieder berührt wird, dann rechts die schmale Straße hinauf Richtung Ameisbichl zur kleinen Ortschaft **Eiersdorf**. Hier links weiter Richtung Wabelsdorf, dann bald

Radwegweiser bei Drauhofen

rechts ab und oberhalb des Orts zu einer Querstraße. Links hinunter (Wegweiser »Tainach«, A), vorbei am Gasthaus »Stricke« bis zur Kirche von **Wabelsdorf**. Rechts an der Kirche vorüber hinunter zur Bundesstraße, die man quert. Anschließend wendet man sich links 100 Meter vor zur Abzweigung Richtung Tainach und dann nach rechts, vorbei am Bettlerkreuz.

Man radelt nun ein Stück Richtung Klopeiner See und zweigt dann rechts von der Hauptstraße ab, um die ruhigere Route durch die Ortschaft **Tainacherfeld** zu wählen. Hier führte einst die Römerstraße von Virunum (Zollfeld bei Maria Saal) nach Juenna (Globasnitz) über die Drau. Durch den langgezogenen Ort bis zu dessen Ende, wo bei einem Bildstock mit Säulenverzierung links ein Feldweg abzweigt. Diesen nimmt man und kehrt so zur Hauptstraße zurück, überquert sie und radelt in einem weiten Rechtsbogen nach **Tainach** hinein.

Am Gasthof »Hubertushof« links durch den Ort und bis zum Friedhof. Dort zweigt rechts ein gesperrter Wirtschaftsweg ab, der direkt nach **Drauhofen** hinabführt. Links auf asphaltierter Straße weiter und bald wieder rechts Richtung Drauufer. Der Weg geht in eine Sandstraße über, die direkt zum Uferdamm des **Völkermarkter Stausees** bringt, wo man wieder auf den Drau-Radweg stößt. Auf dem Damm radelt man bequem entlang – die Ortschaft Rakollach bleibt links liegen. Bald trifft man auf eine kleine Brücke, die den Trixenbach überquert. Jenseits der Brücke ist der Weg wieder asphaltiert. Kurz danach führt die Route steil links hinauf Richtung Burg Neudenstein.

Zwischen Burg und Ortschaft biegt rechts ein unbefestigter, schmaler Weg ab, der wieder zurück zum Drauufer leitet. Von hier sind es noch 3½ Kilometer nach **Völkermarkt** (gleiche Strecke wie Herweg).

DER BESONDERE TIP

Im Jahre 1920 machte Völkermarkt durch ein überwältigendes Votum für ein ungeteiltes Kärnten von sich reden, nachdem jugoslawische Truppen die Stadt zwei Jahre lang besetzt hatten, um Gebietsansprüche geltend zu machen. Die Abstimmungsglocke ist im Heimatmuseum zu besichtigen. Heute ist Völkermarkt eine pulsierende kosmopolitische Einkaufsstadt, was durch den jeden Mittwoch stattfindenden Bauernmarkt unterstrichen wird, der eine 900jährige Geschichte aufweisen kann.

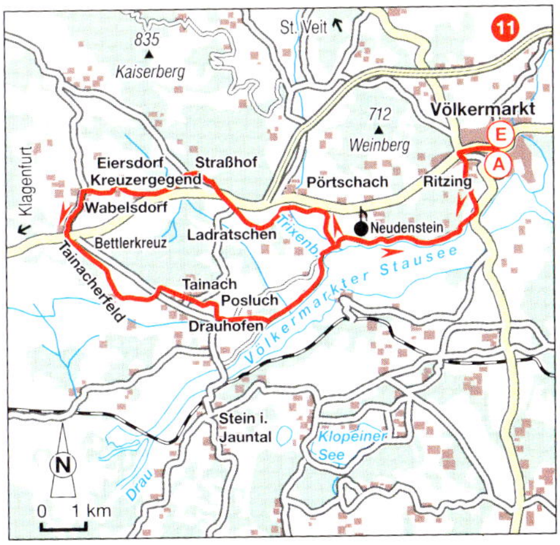

12 DREI-SEEN-RUNDE AM KLOPEINER SEE

Klopein ist der Mittelpunkt des Unterkärntner Seengebiets. Hier hat sich der Tourismus einen gewissen ländlichen Charme bewahrt. Klopeiner See, Kleinsee, Turner und Gösselsdorfer See liegen eingebettet in eine hügelige, waldreiche Landschaft, die von hübschen Dörfern aufgelockert wird. Die Ufer sind kaum verbaut, lediglich am Klopeiner See hat sich die Gastronomie bis dorthin gewagt. Die Wassertiefen sind relativ gering, was angenehme Badetemperaturen garantiert.

INFO ZUR TOUR

Gesamtlänge: 18 km.

Gesamtfahrzeit: 2 Std.

Etappen:
Klopein – Kleinsee – St. Primus – Turner See – Gösselsdorfer See – Eberndorf – Klopein.

Tourencharakter:
Einige leichte Anstiege, aber auch Abfahrten durch hügelige Voralpenlandschaft. Geteerte, schmale Ortsverbindungssträßchen und Wirtschaftswege.

Markierung:
Nicht durchgehend einheitlich beschildert; einige Abschnitte verlaufen auf dem »Drei-Seen-Weg« und »Seebergweg«, ansonsten Radfahrersymbol auf grünem oder rotem Grund.

Bootshäuser am Klopeiner See

Am Eingang zum Stift Eberndorf

Bauernhof bei Rechberg

Unterkärntner Variationen

Man startet im Ortsbereich von **Klopein** (auf der Seepromenade ist Radfahren nicht erlaubt!) und wendet sich zuerst Richtung Westufer. Dieser Abschnitt ist dicht bebaut. Beim Kurhotel »Hormonosa« biegt man rechts in die schmale Straße ein, die Richtung Littermoos führt.

Angenehm schattig geht es weiter bis zum **Kleinsee**, der allerdings trotz seiner Nähe zu Klopein ein touristisches Schattendasein führt. Kurz nachdem man die freien Wiesen um **Littermoos** und **Weitendorf** erreicht hat, zweigt links ein asphaltierter Fahrweg ab, der uns hinauf zum **Steinerberg** bringt – das anstrengendste Teilstück dieser Tour, wofür oben das Gasthaus »Nachbar« in freier, ruhiger Lage entschädigt.

Anschließend läßt man sich bergab rollen, verläßt bald den Wald und genießt den freien Blick über die Bauernwiesen auf die Karawanken am Horizont. Links haltend erreicht man das Dörfchen **Vesielach** mit einer Buschenschänke. Noch ein Stück weiter abwärts, dann darf man den kleinen Abstecher links zum

Kapelle St. Magdalena bei Kühnsdorf

Bildstock in Lauchenholz

Vogelparadies Turner See nicht verpassen – eine Attraktion insbesondere für Kinder. Das steile Stück hinauf zum Eingang muß man das Rad allerdings schieben.

Danach radelt man in gleicher Fahrtrichtung bis zur Hauptstraße und dort rechts bis zur großen Straßenverzweigung in **St. Primus**. Vor dem Gasthaus »Oberblick« links weg und auf wenig befahrener Straße durch hügeliges, zum Teil bewaldetes Gelände Richtung Turner See. Bald weist ein Schild den Weg zum öffentlichen Strandbad »Kobel«, dem einzigen auf der Süd- bzw. Ostseite des Turner Sees. Der **Turner See** ist ein noch weitgehend unberührtes Gewässer mit breitem

Bauernwiesen am Weg zum Sablatnighof

AUF EINEN BLICK

Anfahrt:
Mit dem Auto von Klagenfurt über die B 70 Richtung Völkermarkt, dann über Tainach zum Klopeiner See bzw. über die A 2 nach Völkermarkt und dann weiter Richtung Eisenkappel. Bahnstation Völkermarkt-Kühnsdorf.

Ausgangsort: Klopein (450 m).

Zielpunkt:
Klopein.

Fahrradverleih und -reparatur:
Fahrradcenter Anneliese, Klopeiner-See-Straße 14, A-9122 St. Kanzian, Tel. (04239) 3245. • Fahrradstadl Puschl, Klopeiner-See-Straße 13, A-9122 St. Kanzian, Tel. (04239) 2230.

Übernachtung unterwegs:
Gasthof-Pension »Wutte«, Vesielach 30, A-9123 St. Primus, Tel. (04239) 2869. • Camping Sonnencamp, Gösselsdorfer See, A-9141 Eberndorf, Tel. (04236) 2168.

Einkehr unterwegs:
Gasthaus »Nachbar« am Steinerberg, Buschenschänke »Keberhof« in Vesielach, Gasthof-Pension »Piroutz« mit Spielplatz an der Strecke bei Lauchenholz, an der Abzweigung nach Mökriach, Gasthof »Sablatnighof«, Gasthöfe in Gösselsdorf, Eberndorf und St. Primus.

Sehens- und Wissenswertes:
Eberndorf: Das gleichnamige Klosterstift aus dem 15./16. Jh. • *St. Primus:* Vogelparadies Turner See mit 1000 Tieren von 180 verschiedenen Arten; geöffnet: 15. April bis 31.Okt. tägl. 9–18 Uhr.

Auskunft:
Tourismusverband Klopeiner See – Turner See, Klopeiner Straße 5, A-9122 St. Kanzian, Tel. (04239) 2222.

Karte:
Freytag & Berndt WK 232, Völkermarkt – Klopeiner See – Turner See (1:50000) mit Radwanderrouten.

Varianten:
Variante 1: Der »Seebergweg« führt auf größtenteils separatem Radweg von Sittersdorf hinauf bis Eisenkappel (Markierung grünes Fahrradsymbol auf weißem Grund). Das Verbindungsstück zwischen Eberndorf (von dort auch entsprechend ausgeschildert) und Sittersdorf verläuft auf verkehrsarmen Nebenstraßen. Bademöglichkeit im Sonnegger See (17 km). • *Variante 2:* Von Klopein führt ein ausgeschilderter Radweg (verschiedene Markierungen: R1K-D, »Dreiseenweg«) über Kühnsdorf hinab zum Stausee, dann an diesem entlang zurück über Schreckendorf nach Klopein (mehrere Einkehrmöglichkeiten am Weg; 14 km).

Schilfgürtel und artenreichen Unterwasserpflanzen. Die größte Verlandungszone hat er im Osten, wo sich das unter Naturschutz stehende *Sablatnigmoor* befindet, das noch seinen ursprünglichen Namen behalten hat, denn auch der Turner See hieß früher Sablatnigsee.

Durch Wald und Wiesen radelt man zuerst zum kleinen Bauerndorf **Lauchenholz**, dann weiter durch Wald bis zu einer Wegkreuzung (davor das gemütliche kleine Gasthaus »Piroutz« mit Spielplatz). Nun im spitzen Winkel rechts weiter, durch schattigen Wald, dann durch Wiesenlandschaft zum Sablatnighof direkt an der Straße (mit Einkehrmöglichkeit). Bald ist man wieder im Wald und kommt zur Abzweigung Richtung Strandbad **Gösselsdorfer See**. Dieser weitgehend verlandete See weist See- und Teichrosen sowie einen großen Fischbestand auf. Am Bad findet man Liegewiesen und Stege sowie einen Kiosk. Der Zugang ist allerdings – wie so oft in Kärnten – nicht umsonst.

Zurück zur Abzweigung und rechts weiter in die Ortschaft **Gösselsdorf**. Rechts das Sonnencamp, ein Campingplatz vorwiegend für Wohnwägen, mit Supermarkt und Radverleih. Die Seestraße entlang, vorbei am Café »Terkl«, und über die B 82 in den Ortsteil jenseits der Bundesstraße. In der Ortsmitte links weg und auf schmaler, parallel zur Bundesstraße führender kleiner Straße 2 Kilometer nach **Eberndorf**. Dort beeindruckt das mächtige Stift rechts oberhalb der Ortsmitte.

Man radelt in Eberndorf kurz rechts, dann wieder links auf der Völkermarkter Straße auf das Stift zu und weiter Richtung Kühnsdorf. Gleich hinter dem Gasthof »Pucher«, direkt gegenüber dem Stift, zweigt links ein schmaler, asphaltierter Weg ab, der an einem Bauernhof vorbei zur Bundesstraße leitet. Diese wird unterquert, man radelt jenseits auf einem Feldweg durch weitläufige Äcker, überquert den Seebach und schlängelt sich rechts und dann links durch Ackerland zur öffentlichen Ortsverbindungsstraße. Auf dieser geht es durch **Buchbrunn**. Am Ortsende links ab auf einen Feldweg, am Bergfuß gleich wieder rechts und nach Unterburg. Bei der ersten Pension hält man sich links und fährt auf dem Terrassenweg, vorbei am Gast- und Reithof »Peteln«, hinein nach **Unterburg**. An der Seeuferstraße rechts vor und dann auf dem Radweg links haltend zurück nach **Klopein**.

DER BESONDERE TIP

Die Obir-Tropfsteinhöhlen bei Eisenkappel stellen das größte und farbenprächtigste Tropfsteinhöhlensystem Österreichs dar. Findige Tourismusmanager haben daraus ein multimediales Spektakel gemacht mit Höhlengeistern, Wasser, Donner und musikalischer Untermalung. Warme Kleidung ist erforderlich, da die Temperaturen im Berg konstant 8°C betragen. Kinder unter 4 Jahren haben keinen Zutritt. Geöffnet April bis Okt. Pendelbus von Eisenkappel zur Höhle; Abfahrten tägl. zwischen 9.15 und 15.30 Uhr alle 75 Min., im Juli und Aug. Sa, So und Fei 16.45 Uhr; Busfahrt und Führung dauern etwa 3 Std. Informations- und Kartenbüro am Hauptplatz, Tel. (04238) 8239.

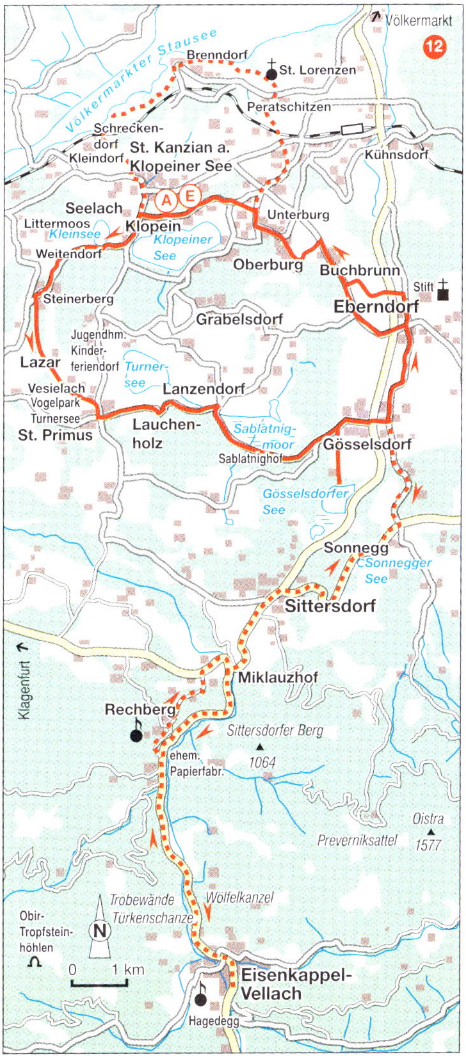

13 VON BLEIBURG ZU KIRCHE UND BILDSTOCK

Kärnten ist das Land der Bildstöcke. Mit einer Zahl von etwa 1500 weist dieses Bundesland die größte Dichte in ganz Österreich auf. Der Ursprung der Bildstöcke geht bis in heidnische Zeit zurück. Sie dienten einst dazu, die Macht der Dämonen zu bannen. Nach der Christianisierung wurden sie zu Symbolen der Dankbarkeit nach überstandenem Unheil. Die Stadtgemeinde Bleiburg hat einen Themen-Radweg zusammengestellt, in dessen Verlauf man einige der schönsten Bildstöcke besichtigen kann.

INFO ZUR TOUR

Gesamtlänge: 17 km.

Gesamtfahrzeit: 3 Std.

Etappen:
Bleiburg – Jauntalbrücke – Rinkolach – Bleiburg.

Tourencharakter:
Ebene Wegführung ohne Steigungen. Fast ausschließlich befestigte Dorfverbindungssträßchen, lediglich die Zufahrt zur Jauntalbrücke erfolgt auf unbefestigtem Waldweg.

Markierung:
Durchgehend ausgeschildert: weißes Rad- und Themensymbol auf grünem Grund, R 2.

Bauernhof mit typischem Luftgitter in Rinkolach

Richtung Jauntalbrücke bei St. Luzia

Ein Rosenstock verziert manches Bauernhaus

Aus dem Mittelalter in die Moderne

Startet man die Radrunde im Zentrum von **Bleiburg**, so wendet man sich erst Richtung Norden, radelt am Ortsende rechts und die ansteigende Straße (Markierung R 2) aufwärts, bis links die Alleestraße nach **Einersdorf** führt. Auf geruh-

Die Kirche Heiligengrab bei Bleiburg

samer Strecke fährt man nach Einersdorf hinein, am östlichen Ortsende bei der Weggabelung links und gleich wieder rechts nach **Schilterndorf**. Links auf einem Hügel steht die doppeltürmige barocke *Kirche Heiligengrab*.

Von hier bieten sich zwei Möglichkeiten, nach **Wiederndorf** zu gelangen: entweder geradeaus weiter oder rechts am Waldrand entlang auf Schotterweg zum Nachbardorf. (In Wiederndorf findet man eine der wenigen Einkehrmöglichkeiten auf dieser Strecke.) Die nächsten 300 Meter Richtung Aich verlaufen auf der B 81, bis links ein asphaltierter, schmaler Weg direkt nach Aich hineinführt. Man erreicht **Aich** bei der kleinen mittelalterlichen Kapelle, die dem heiligen Sebastian geweiht ist. Nun durch den Ort (kleiner Lebensmittelladen) bis zur Wegabzweigung nach Dobrowa. Hier sollte man einen Abstecher an die Drau unternehmen.

AUF EINEN BLICK

Anfahrt:
Mit dem Auto von Klagenfurt über Tainach bzw. Völkermarkt nach Bleiburg oder von Ferlach über die B 85. Mit der Bahn von Klagenfurt bzw. Wolfsberg.

Ausgangsort: Bleiburg (479 m).

Zielpunkt: Bleiburg.

Fahrradverleih:
Bahnhof, A-9150 Bleiburg, Tel. (04235) 2030. • Gasthof »Linde«, A-9150 Bleiburg 3, Tel. (04235) 2105.

Fahrradreparatur:
Sport Wreschnigg, Postgasse 8, A-9150 Bleiburg, Tel. (04235) 2221.

Übernachtung unterwegs:
Gasthaus »Petzenblick«, A-9150 Bleiburg, Tel. (04235) 2007. • Gasthof »Piko«, A-9150 Wiederndorf 11, Tel. (04235) 2096. • Urlaub auf dem Bauernhof: Fam. Thomas Mairitsch, Mießbergstraße 13, A-9150 Loibach.

Einkehr unterwegs:
Gasthof »Piko« in Wiederndorf.

Sehens- und Wissenswertes:
Bleiburg: Pfarr- und Wallfahrtskirche, Pestsäule auf dem Hauptplatz, Werner-Berg-Galerie. Alljährlich im Herbst findet in Bleiburg das älteste Volksfest Kärntens statt.

Auskunft:
Fremdenverkehrsamt, A-9150 Bleiburg, Tel. (04235) 2110.

Karte:
Freytag & Berndt WK 232, Völkermarkt – Klopeiner See – Turner See (1:50000) mit Radwanderrouten.

An der **Jauntalbrücke**, der höchsten Eisenbahnbrücke Europas, findet *Bungeejumping* statt, ein Spektakel, das man sich nicht entgehen lassen sollte. Man folgt der schmalen Straße Richtung Norden nach St. Luzia, bis ein Stück hinter dem Ort ein unbefestigter Wirtschaftsweg links abzweigt. Von der Weggabelung sind es noch 1,2 Kilometer bis zur Brücke, wobei die letzten Meter durch Kiefernwald zurückgelegt werden. Am bewaldeten Steilufer die Räder deponieren und zu Fuß auf schmalem Pfad hoch zur Brücke.

Dann zurück nach Aich und bei der Abzweigung nach Dobrowa rechts. Auf asphaltierter, schmaler Straße Richtung Westen durch Äcker und anschließend unter einer Eisenbahnunterführung hindurch bis zu einer Wegverzweigung. Links weiter, danach bald rechts, zum Teil durch Wald, nach **Dobrowa**.

Nahezu ungestört vom Autoverkehr radelt man nach **Rinkenberg**, wobei man

Bungeejumping von der Jauntalbrücke

DER BESONDERE TIP

Bungeejumping von der Jauntalbrücke, Europas höchster Eisenbahnbrücke! Mit 1100 öS ist man mit dem ersten Sprung dabei, alle weiteren sind dann günstiger. Anmeldung im Gasthaus auf der Ostseite.

die Straße Richtung Lippitzbach überquert. Der hübsche kleine Ort mit Kirche, Maibaum und Gasthaus hat auch ein kleines Histörchen aufzuweisen: Die Kirche von Rinkenberg wurde just an dem Ort erbaut, an dem einst die Räuber von Rinkenberg vom Grafen von Bleiburg bei einem seiner Jagdausflüge überrascht wurden, wobei erschrockene Raben das Versteck der Bande verrieten.

Von Rinkenberg nun am Fuß des gleichnamigen Bergs entlang nach **Replach**. Bei den großen Hühnerställen rechts und weiter auf verkehrsarmer Fahrstraße durch Wald und Ackerland. Vorbei an einigen reizvollen Bildstöcken geht es bis zur Wegverzweigung. Hier hält man sich rechts nach **Rinkolach**, das neben einer jahrhundertealten Kösn (offener Speicher zum Unterstellen landwirtschaftlichen Geräts) rechts auf offener Wiese auch eine reizvolle Kirche vorzeigen kann, in der Reste von Wandmalereien aus dem 15. Jahrhundert zu besichtigen sind.

Die Rückfahrt tritt man am besten wieder über Replach an – die Variante über Ruttach und Moos weist ein zu starkes Verkehrsaufkommen auf. In Replach zweigt nach den langen Ställen beim Bildstock an der Straße ein Feldweg ab (eine weitere Möglichkeit besteht darin, wenige Meter Richtung Rinkenberg zu fahren und dann auf der rechts abzweigenden Fahrstraße nach Bleiburg zurückzuradeln). Der Feldweg ist gut zu befahren und führt durch Äcker und ein Stück Wald, bis man

Im Wald bei Rinkolach

nach 2 Kilometern auf die von Griffen/ Lippitzbach herkommende Straße trifft. Nun 100 Meter rechts, gleich wieder links und dann sofort rechts auf eine Nebenstraße, die direkt nach Bleiburg führt. Bei einer Neubausiedlung links, und über den Bahnübergang gelangt man ins Zentrum von **Bleiburg**.

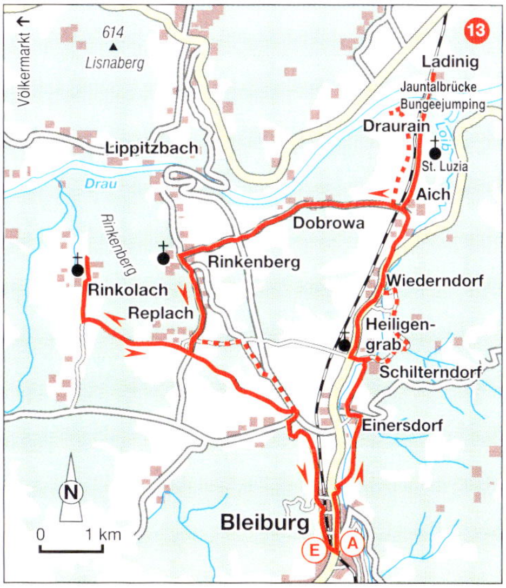

14 AUF DEM OBERTRIXENER RADWEG

Die Umgebung von Völkermarkt ist reich an historischen Zeugnissen: Burgen, Wehrkirchen, Klöster. Bei dieser Tour verbindet man zwei der vorbildlich ausgeschilderten Radrouten, die in einem weiten Rundkurs im Norden der Stadt die Orte Trixen und Griffen umfassen. Neben dem Besuch der Burgen sind insbesondere die Tropfsteinhöhle in Griffen sowie das Stift ein Erlebnis für die ganze Familie.

INFO ZUR TOUR

Gesamtlänge: 35 km.

Gesamtfahrzeit: 5 Std.

Etappen:
Völkermarkt – St. Margarethen – Waisenberg – Ober-/Mittertrixen – Haimburg – Stift Griffen – Griffen – Völkermarkt.

Tourencharakter:
Bis auf den Abstecher hinauf nach Waisenberg überwiegend eben. Meist wenig befahrene Nebenstraßen und unbefestigte Wirtschaftswege, ein kurzes Stück separat geführter Radweg.

Markierung:
Die Tour kombiniert und variiert die örtlichen Radwanderrouten nach Obertrixen (C) und Haimburg (D), die mit grünen bzw. bordeauxroten Radtafeln ausgeschildert sind.

Schloß Haimburg am Weg von Griffen

Schloß Thalenstein ist nicht zugänglich

Die Kirche von St. Margarethen

Von Schloß zu Schloß nach Griffen

Nachdem man am Hauptplatz von **Völkermarkt** gestartet ist, verläßt man die Altstadt durch das nördliche Tor und biegt links in die Mettinger Straße ein (oder man fährt nach dem Tor 150 Meter geradeaus und biegt links in den Augustinerweg ein, wo man später wieder auf die Völkerstraße trifft), die sich in der Klagenfurter Straße fortsetzt. Rechts ab in die Völkerstraße und zur Umfahrungsstraße, die man quert, um ihr dann links ein kurzes Stück zu folgen. Nach

St. Martin in Niedertrixen

Radlerfreundliche Einkehr beim »Stifter Wirt«

Das Portal der Stiftskirche Griffen

rechts in die St.-Ruprechter-Straße und direkt auf die Kirche zu.

Am »Jagerwirt« rechts vorbei, anschließend links am Friedhof entlang und zur Trixner Straße. Rechts weiter Richtung Brückl. Nach wenigen Metern quert man die Straße und folgt der St.-Margarether-Straße Richtung Hafendorf. Nun geht es auf verkehrsarmer Straße durch ein waldreiches Tal bis zur A 2, die man unterquert, und nach **Hafendorf**, das man nach gut 3 Kilometern erreicht.

Weiter auf der Fahrstraße nach **St. Margarethen**, einem hübschen kleinen Ort, in dem man sich ein bißchen umschauen sollte (Einkehrmöglichkeit). Nun wenige Meter zurück und über die kleine Brücke,

AUF EINEN BLICK

Anfahrt:
Mit dem Auto auf der B 70 von Klagenfurt bzw. auf der A 2 aus Richtung Wolfsberg nach Völkermarkt. Mit der Bahn bis zum Bahnhof Völkermarkt-Kühnsdorf.

Ausgangsort:
Völkermarkt (462 m).

Zielpunkt: Völkermarkt.

Fahrradverleih:
Bahnhof, A-9100 Völkermarkt-Kühnsdorf, Tel. (04232) 8074-0. • Fahrradstall Willi Puschl, A-9124 Unterburg a. Klopeiner See, Tel. (04239) 2230.

Fahrradreparatur:
Firma Niemiez und Co., Klagenfurter Straße 6, A-9100 Völkermarkt, Tel. (04232) 2218.

Übernachtung unterwegs:
Gasthaus-Pension »Rabl«, A-9102 Mittertrixen 3, Tel. (04232) 2015. • Gasthof-Pension »Persch«, Gletschach 15, A-9111 Haimburg, Tel. (04232) 2061. • Urlaub auf dem Bauernhof: Martinhof, Fam. Robinig, Kulm 2, A-9102 Mittertrixen, Tel. (04232) 2152.

Einkehr unterwegs:
Gasthaus »Fortin« in St. Margarethen, Gasthof-Pension »Lamprecht« und Gasthaus »Mori« in Gattersdorf, Gasthaus »Speiser« in St. Martin, Gasthof »Kilian« in Haimburg, Gasthaus »Schneider« in Enzelsdorf, »Stifterwirt Duller« im Stift Griffen, Gasthof »Harrich« in Oschenitzen.

Sehens- und Wissenswertes:
St. Margarethen: Am Haus Nr. 8 Gedenktafel über die Volksabstimmung zu Beginn der zwanziger Jahre. • *Haimburg:* Die gut erhaltene Burg kann in Teilen besichtigt werden. • *Griffen:* In der »buntesten Tropfsteinhöhle Österreichs« (Eingang gegenüber der Kirche am Schloßberg) wurden Feuerstellen und Werkzeuge aus der Altsteinzeit sowie Reste von prähistorischen Tieren (Höhlenlöwe, Wollhaarnashorn) gefunden. Öffnungszeiten: 1. Mai bis 30. Sept. tägl. 9–12 Uhr und 13–17 Uhr. Auf dem Schloßberg Ruinen von Schloß Griffen .

Auskunft:
Tourismusbüro, Hauptplatz 1, A-9100 Völkermarkt, Tel. (04232) 2571-47.

Karten:
Freytag & Berndt WK 232, Völkermarkt – Klopeiner See – Turner See (1:50000) mit Radwanderrouten. • Radkarte Südkärnten (1:50000), herausgegeben vom Tourismusverband Südkärnten, A-9141 Eberndorf.

dort geht links der Schotterweg Richtung Schloß Mittertrixen ab. Man radelt durch Ackerland, überquert nach 800 Metern eine Brücke und strebt dann direkt auf den *Lamprechtskogel* zu.

Hier bietet sich ein Abstecher an: Bei der Weggabelung links (Ausschilderung »Schlösser II«) und zu einem Bauernhof, wo man nicht nur die typischen Luftgitter an der Scheune bewundern kann, sondern auf einer Tafel etwas »von den Wildfrauen auf dem Lamprechtskogel« erfährt. Nun auf asphaltiertem Weg steil hinauf zu einem weiteren Bauernhof (geradeaus geht es nach St. Georgen). Beim Schild »Achtung, Hofdurchfahrt« rechts weg und hinüber zum Hafnerbauern, der verschiedene Produkte aus Schafsmilch anbietet. Anschließend wendet man sich links und hinauf zum Ort **Waisenberg** mit der darüber aufragenden Burgruine. Links am Burgfelsen vorbei und hinab auf den breiteren, aber unbefestigten Fahrweg. Auf diesem geht es rechts steil hinunter zur B82 und auf ihr rechts weiter, bis man auf den von St. Margarethen kommenden Weg stößt.

Zweite Möglichkeit: Bei der Wegtafel rechts weiter auf einem Wirtschaftsweg und auf diesem zur B 82, wo man auf die zuvor erwähnte Variante trifft. Nun rechts ein Stück auf der B 82, bis links ein kleines Sträßchen nach **Gattersdorf** abzweigt. (Von Gattersdorf kann man nach links einen Abstecher zum **Schloß Obertrixen** machen, ein Stück weiter auf der B 82 gelangt man nach **Mittertrixen**.)

Nach dem Gasthof »Lamprecht« rechts, desgleichen beim Feuerwehrhaus und beim Gasthaus »Mori«, und zur schmalen Straße, die direkt nach Haimburg führt. (Hier könnte man über die Weiler Aich und Dachenstein die Runde abschließen und nach Völkermarkt zurückkehren.) Auf dieser weiter nach **St. Stefan**.

Bei St. Martin ist links ein Abstecher zum Gasthaus »Speiser« möglich. Über St. Stefan und *Schloß Thalenstein* radelt man nach **Haimburg** und anschließend über **Gletschach** nach **Enzelsdorf**, wo man auf das Gasthaus »Schneider« (mit Garten) trifft. Von diesem ist es nur mehr 1 Kilometer nach links bis zum bereits 1768 aufgelösten **Stift Griffen**.

Nun rechts haltend über eine kleine Brücke und bald auf unbefestigter Straße am Waldrand entlang nach **Griffen.** Am Ortsanfang links 100 Meter hoch (geradeaus geht es zur Burgruine), dann rechts in den Markt hinein, wo man sich einen Besuch der *Griffener Tropfsteinhöhle* nicht entgehen lassen sollte.

Die Rückfahrt erfolgt bis Enzelsdorf auf derselben Route, dann auf der Haimburger Straße gerade hinunter bis kurz vor die B 70. Nun rechts auf den für den öffentlichen Verkehr gesperrten Feldweg, der nach Haimburg führt. Entlang des Wegs trifft man auf einige Info-Tafeln, die mit der Ortsgeschichte bekannt machen.

In **Haimburg** rechts an der Burg vorbei bis zur querführenden Straße. Auf dieser links weiter Richtung Völkermarkt (nach 150 m führt links der Burgweg hoch). Nun lenkt man entweder über die A 2 hinweg und weiter zur B 82, dann rechts auf dem Radweg zurück nach Völkermarkt; oder vor der A 2 rechts auf den für den öffentlichen Verkehr gesperrten Fahrweg, bis man auf die Straße stößt, die links nach Oschenitzen führt.

In **Oschenitzen** wendet man sich links und fährt über das *Kirchlein St. Agnes* bis Lindenhof. Abschließend geht es rechts auf dem Radweg nach **Völkermarkt** zurück.

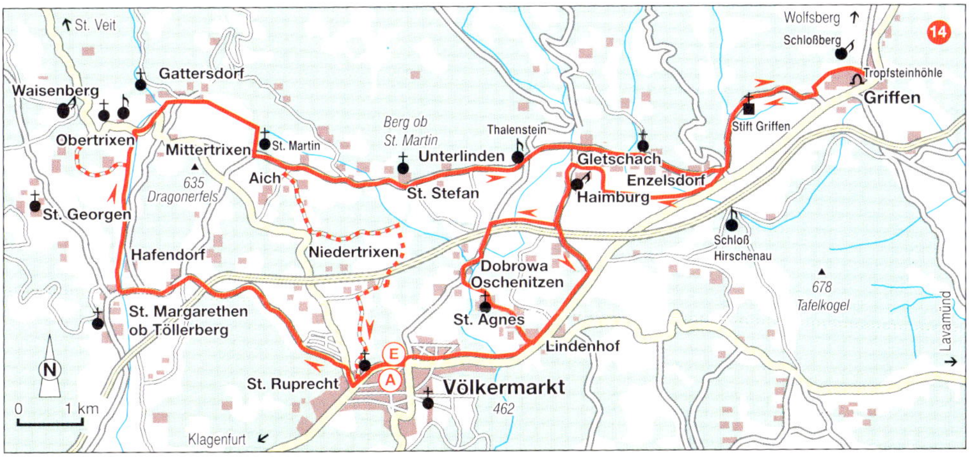

15 ENTLANG DEM LAVANTTALER RADWEG

Der Lavanttaler Radweg ist besonders familienfreundlich. Vom Ausgangspunkt in Wolfsberg bis zum Ziel in St. Paul bewegt man sich auf einem verkehrsfreien, asphaltierten breiten Radweg entlang der Lavant. Von St. Paul kann man den Radtransport der ÖBB in Anspruch nehmen und die Rückreise per Bahn antreten. Wem die Strecke zu kurz erscheint, kann die Fortsetzung des Radwegs nach Lavamünd unter die Pedale nehmen (1997 noch Schotterweg).

INFO ZUR TOUR

Gesamtlänge: 21 km.

Gesamtfahrzeit: 3 Std. (einfache Strecke).

Etappen:
Wolfsberg – St. Andrä – Freizeitanlage St. Andräer See – St. Paul.

Tourencharakter:
Nahezu ebener Wegverlauf. Durchgehend asphaltierte Wegführung; Schotterweg bis Lavamünd.

Markierung:
Grüne Radwegtafeln mit weißer Schrift. Falls man im Stadtzentrum die Tour beginnen will, ist der Einstieg nicht leicht zu finden, es sei denn, man startet direkt am Bahnhof Priel, am Südende von Wolfsberg.

Stift St. Paul im Abendlicht

In der Kornkammer des österreichischen Kaiserreichs

Am besten beginnt man die Tour am Bahnhof von **Wolfsberg** und radelt zuerst Richtung Oberstadt. Man

Die Obstbaumblüte im Lavanttal ist ein Erlebnis

quert den Radelsteg und biegt danach sofort rechts in den Lavantquai ein, den man aber gleich wieder verläßt, indem man nach links in die Kapuzinergasse abzweigt. Anschließend geradeaus bis zur Alois-Huth-Straße.

Falls man mit dem Auto anreist, kann man in der Oberstadt am Blauweißplatz parken und dort auf das Fahrrad umsteigen. »Blauweiß« ist übrigens keine Anbiederung an die Bayern oder den schönen Lavanttaler Himmel, sondern ein Bergbauprodukt, das jahrhundertelang in Wolfsberg gehandelt wurde.

Man biegt vom Blauweißplatz links in die Alois-Huth-Straße und erreicht nach ein paar Schleifen die Klagenfurter Straße, die weiter südlich in die Packer

Typische Landschaftsform des Lavanttals

Am Radelsteg in Wolfsberg

Bundesstraße übergeht. Nun auf dem breiten Radweg weiter Richtung Süden bis zum Bahnhof Priel. Kurz dahinter links in die Eppenheimerstraße und zu einer Neubausiedlung. Dort rechts in die Höfnerstraße (etwa 100 m), von der bald rechts ein Radweg abgeht.

Auf diesem links weiter und zu einem Brückchen, das man nach rechts überquert. Man befindet sich nun auf der rech-

Die Fleischbrücke über die Lavant in Wolfsberg

ten Seite der Lavant, hält sich sogleich links (nach rechts kommt man zu einem EUKO- bzw. Sparmarkt an der Klagenfurter Straße; auch von dort ist der Einstieg in den Radweg möglich) und fährt dann immer geradeaus. Ab hier kann man den Lavanttaler Radweg eigentlich nicht mehr verfehlen, da er nahezu kreuzungsfrei dem Fluß folgt.

Durch Auwald und vorbei an Äckern erreicht man schon nach 2 Kilometern einen beliebten Biker-Treff, *»Urbanis Bike-Beisl«*. An schönen Tagen oder am Wochenende stauen sich hier die Fahrräder. Man kann auch im Freien sitzen und bei einem Glas Most dem Treiben zusehen. Angeschlossen ist ein Radcamping mit Fahrradverleih.

Im Stadtpark von Wolfsberg

☞ AUF EINEN BLICK

Anfahrt:
Mit dem Auto auf der A 2 bzw. B 70 bis Wolfsberg. Mit der Bahn von Klagenfurt bzw. Judenburg.

Ausgangsort:
Wolfsberg (461 m).

Zielpunkt:
St. Paul (evtl. Lavamünd).

Rückfahrt:
Auf der gleichen Strecke bzw. mit der Bahn von St. Paul. Die Beförderung ist allerdings nur in Zügen möglich, die das Fahrradsymbol aufweisen, dies ist jedoch bei fast allen Zügen, die durch das Lavanttal fahren, der Fall.

Fahrradverleih:
Zweirad Scharf, A-9400 Wolfsberg, Roßmarkt, Tel. (04352) 3312. • Sport Oberisser, Herrengasse, A-9400 Wolfsberg, Tel. (04352) 2509. • Bahnhof, A-9470 St. Paul, Tel. (04357) 2030. • Radverleih am Camping Urbani, Klagenfurter Straße 63, A-9400 Wolfsberg, Tel. (04352) 3817; geöffnet: 1. Mai bis Ende September.

Fahrradreparatur:
Firma H. Schlossinger, Alois-Huth-Straße 1, A-9400 Wolfsberg, Tel. (04352) 2502. • Reparatur am Camping Urbani, s.o.

Übernachtung unterwegs:
Camping Urbani, Klagenfurter Straße 63, A-9400 Wolfsberg, Tel. (04352) 3817; geöffnet: 1. Mai bis Ende September. • Hotel »Pfundner«, Bamberger Straße 1, A-9400 Wolfsberg, Tel. (04352) 2695.

Einkehr unterwegs:
»Urbanis Bike-Beisl«, direkt am Lavanttaler Radweg.

Sehens- und Wissenswertes:
Wolfsberg: Lavanttaler Heimatmuseum mit bäuerlichen Gerätschaften und Trachten sowie Zeugnissen des historischen Bergbaus und der Landwirtschaft im Lavanttal. Öffnungszeiten: Anfang April bis Sept. Di bis Sa 10–13 Uhr und 14–19 Uhr. • *St. Paul:* Benediktinerstift St. Paul; in der romanischen Pfeilerbasilika befinden sich die letzten Ruhestätten der frühen Habsburger. In den Räumen des Stifts Obstbaumuseum; geöffnet: Anf. Mai bis Ende Okt. tägl. 9–17 Uhr.

Auskunft:
Tourismusverband Lavanttal, Minoritenplatz 1, A-9400 Wolfsberg, Tel. (04352) 2878.

Karte:
Freytag & Berndt WK 41, Graz – Koralpe – Eibiswald (1:100000).

Varianten:
Variante 1: Der Lavanttaler Radweg kann über St.Paul hinaus nach Lavamünd verlängert werden (Schotterpiste). Rückfahrt mit der Bahn zum Ausgangspunkt (12 km). • *Variante 2:* Westlich von Wolfsberg hat der Tourismusverband Lavanttal einen eigenständigen Obstradweg projektiert, der über St. Margarethen, Hattendorf, St. Michael, Siegelsdorf und St. Marein wieder zurück nach Wolfsberg führt. Besonders reizvoll im Frühjahr bei der Obstbaumblüte und im Herbst, wenn der frische Most ausgeschenkt wird (15 km).

Durch eine abwechslungsreiche Wald-, Wiesen- und Ackerlandschaft fährt man weitere 7 Kilometer immer auf der rechten Seite entlang der Lavant und erreicht erst mit **St. Andrä** wieder eine geschlossene Siedlung. St. Andrä lohnt einen Abstecher, denn der Ort weist zwei bemerkenswerte Kirchen auf. Man befindet sich nun im mittleren Lavanttal, das durch einen intensiven Obstanbau gekennzeichnet ist. Die St. Andräer wollen ihren Besuchern die jahrhundertealte Obstverarbeitungstradition nahebringen und haben deshalb an der Lavant einen *Obstbaumlehrpfad* eingerichtet. Man erfährt so alles Wichtige über den Obstanbau, die verschiedenen Apfelsorten und die Mostproduktion.

Der weitere Verlauf der Route ist vorgegeben: zurück zur Lavant, dann rechts, immer dicht am Ufer, bis man nach 3½ Kilometern die **Freizeitanlage St. Andräer See** erreicht. Neben Baden bieten sich dort diverse Freizeitaktivitäten an wie Minigolf und Tretbootfahren – ideal für einen Zwischenstopp, denn der Anlage ist auch ein Restaurant angeschlossen. Dazu verläßt man den Lavanttaler Radweg, quert auf der Mettersdorfer Landesstraße den Fluß und biegt links zum Freizeitgelände ab.

Freundliche Einladung am Lavanttaler Radweg

DER BESONDERE TIP

Bevor man startet, sollte man sich erst im hübschen Wolfsberg umsehen. Der Ort, der schon im Jahre 1007 urkundlich erwähnt wurde und 1331 das Stadtrecht erhielt, war früher im Besitz des Hochstifts Bamberg, bis Kaiserin Maria Theresia 1759 Wolfsberg und das Lavanttal für Österreich käuflich erwarb.

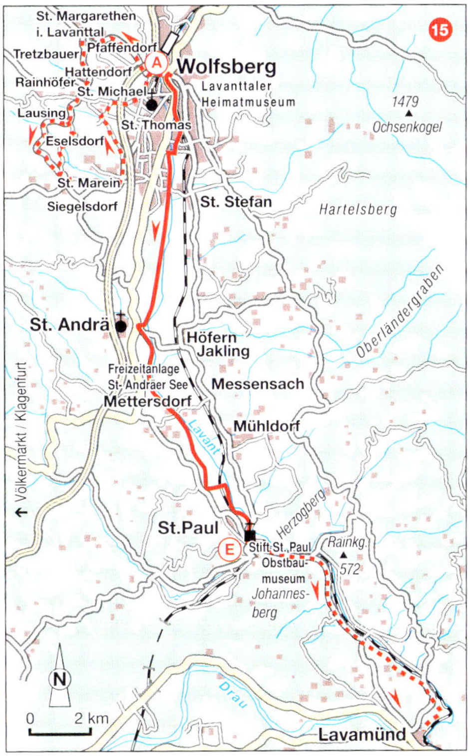

Die Fortsetzung des Radwegs bereitet auch weiterhin keine Probleme. Man passiert bald eine Kläranlage und fährt weiter an der Lavant entlang bis zu der Stelle, wo die Eisenbahn den Fluß überquert. Dort wechselt man auf die andere Seite der Lavant und verläßt diese auch für kurze Zeit, quert die Kollnitzer Straße und gelangt, immer Richtung Süden rollend, nach **St. Paul**, wo der asphaltierte Radweg am Bahnhof endet. Der Besuch des reizvollen Orts und des berühmten Benediktinerstifts sollte eigentlich ein Muß sein. Neben den kunsthistorischen Kostbarkeiten gibt es hier auch ein Mostmuseum.

Abschließend sei noch die Einkehr in einem der ältesten Gasthäuser Kärntens, dem »Poppmeier«, empfohlen, das sich am Fuß des Stiftfelsens etabliert hat.

REGISTER